U0924933

The Century For Woman

她世纪

王一鸣◎著

人民东方出版传媒
東方出版社

谨以此书献给我的妻子

目录

前言

20 世纪最后几年，在克林顿深陷莱温斯基事件，对科索沃战争的界限最为摇摆不定的时候，国务卿马德琳·奥尔布赖特站到了前面，几乎凭着一己之力扛住了五角大楼对于派遣部队的质疑和压力，并最终干掉了米洛舍维奇。

一段时间内，评论界喜欢把那称之为“马德琳的战争”，作为美国首位女国务卿，奥尔布赖特对于这个称谓十分敏感，她指责道：“你们会将越南战争称为麦克纳马拉（时任美国国防部长，对越战的推动起到了至关重要的作用）的战争，就应该将科索沃称为奥尔布赖特的战争，而不是马德琳，这是对女性的歧视。”

有点儿微妙。奥尔布赖特的意思其实是，你们不用刻意强调“马德琳”这个女性名字来凸显这是由一位女性完成的战争，根本没有必要说这些，收起你们的“直男癌”，在这场重大而深刻的政治和军事活动中，女性和男性没有什么不同。

同样是那段时间。当希拉里在某次接受《60分钟》采访时说，自己不会像歌手塔米·怀尼特那样“站在丈夫身后做个小女人”。人们对她的表述嗤之以鼻，怀尼特的那首《在你的男人身边》是20世纪60年代美国乡村音乐的代表作，从那一代过来的人们从心底里抵触希拉里的这种反叛。“我想我可以待在家里煮煮茶水，烤烤曲奇饼，但我决定追求自己的事业——那份比我丈夫更早开始的、进入公共领域的事业。”希拉里说。

简直是疯了。即便克林顿不是总统，这样的表述在民风保守的小石城也是原罪般的刺耳，《纽约客》中写道：“简直像赛马一样，无论精英还是草根，大家比赛着谁更讨厌希拉里。”

十余年随即过去。

2013年10月，奥巴马在白宫提名珍妮特·耶伦担任美联储新任主席。当她在进行演讲时，她的丈夫，2001年凭借不对称信息论获得诺贝尔经济学奖的阿克洛夫就坐在白宫的国宴厅里，《时代》周刊在描写她时用了一个略显刻薄的标题——“耶伦先生”。

第二年冬末，耶伦收到了一份特殊的情人节礼物——为了不影响耶伦的职业生涯，这名诺奖得主从苏黎世大学的瑞银国际经济研究中心离职了。他的想法很简单，“当她在美联储工作时，我能做的就是处理好家务。当然，我能给予的更大帮助是精神支持，在她每天完成白宫的政治洗礼后，能够回家的时候”。

十余年的光景，世界政坛在性别意义上已经发生了微妙的位移，男性不再经久性地掌握权力结构的话语霸权，女性的政治地位正在提升，政治意识正在觉醒。奥尔布赖特曾经被人们冠以“攻克男人堡垒的奥尔布赖特号快车”这样的美名，然而人们不会想到，她真的攻破了一座堡垒。在其后的不长时间里，美国政坛又接连出现了两位女性国务卿和两位女性国家事务安全助理，甚至在相当长的时间内，人们一度以为美国将最终出现历史上首位女性总统。当我们回望这一切，我们发现，一个单词、一次争辩、一种复杂的语法表达，对于女性国务家的地位变迁，可能意味着相当长的一段历史景深。

1848 年，在美国纽约州一个叫塞尼卡·福尔斯的小村子，首届女性权利大会通过了美国女性主义运动的第一份“权利和意见宣言”——“我们认为下面这些真理是不言而喻的：男人和女人生而平等，造物者赋予了他（她）们若干不可剥夺的权利，其中包括生命权、自由权和追求幸福权”。1893 年，新西兰妇女第一次获得了选举权，“女权主义”的概念在世界范围内浪涌。1920 年，美国“第十九条宪法修正案”赋予了女性投票权，民主党和共和党纷纷成立了妇女代表委员会，着力扩大党内的女性代表人数和比例。尼克松政府时期，伴随着女权主义第二波浪潮的来临，两党的女性代表比例分别上升至40%和30%。到了克林顿政府，他更是充分施展个人魅力，其就任总统的首年当选众议员和参议员的女性数量前所未有，那一年甚至被称为美国政坛的“女性年”。最终，他的妻子直接承诺，如果她能够打败特朗普，将会使总统班子的女性比例提高到50%。

1979年，当撒切尔夫人身承大英帝国的余晖站在唐宁街10号的门前，她感受到了欧洲聚合的脚步，感受到了远在马尔维纳斯群岛边缘残喘的帝国权势，也感受到了一种性别意义上的孤独。

30余年过去，这种孤独将不复存在。2015年，希拉里在竞选宣言中告诉期待已久的选民“美国需要一位捍卫者”，朴槿惠站在天安门城楼上观看阅兵大典，特雷莎·梅在内政部静静观望卡梅伦政府不计后果的民主试验，默克尔伸出双手向100万流亡的灵魂敞开怀抱，潘基文的继任者名单上已经悄悄登载了6名女性的名字。

据Politico网站的统计，在20世纪50年代，世界范围内只有1名国家领导人为女性，60年代有3人，70年代7人，80年代11人，90年代这一数字超过了20人，而在2017年1月之前，女性国务家将在21个国家和地区担任领袖。并且，不同于以往任何时期，今时今日，这些都是世界范围内的大国，她们构筑了从直布罗陀到华尔街的广泛而深刻的影响力，她们所有人几乎都历经了较之于男性更为蹒跚跌宕的个人命途，她们中的绝大部分担负着民族国家负隅前行的路向，她们中的一些人会把自己当成民主价值的担当和希望。

对这些杰出的“Heroic Beauty”做出梳理是一件易事，亦是一件难事。“易”在于相同的性别，往往孕育着相近的景深、相通的人性、相似的经历、相互间的欣赏，我们很容易发现，默克尔、罗塞夫都没有孩子，昂山素季和罗塞夫都体验过苦难的监狱岁月，奥尔布赖特和默克尔都保留着前夫的姓氏，而她们中的绝大部分其实都离过婚。我们也不难感应到她们彼此间的惺惺相惜，特雷莎·梅上台伊始，首个出访地就选择了德国。希拉里也不止一次地表示，她最欣赏的领导人是默克尔，在她看来，她们对长裤套装拥有相似的迷恋。每当这些女性国务家受到来自国内外的压力或攻讦之时，我们总能发现会有更多的女性站出来为她们辩护，并非以盟友的名义、政策的名义、朋友的名义，而是以性别的名义。

“难”在于，我们无法铺陈式地延展每个人的一生，也无法究极其性格特质和政策理念的全部，这样的工作应该留给那些传记作家和时评人士。然而，女性政治意识的觉醒掀起了新时代世界政坛的伟大风貌，作为一种智识探寻的角度，我们无法逾越这一有趣味的现象。或许更为适合我们做的，是抓住每一名女性国务家政治生活的核心关切，由一两件具有代表性的主要矛盾入手，尽力揭示出个人特质与决策偏好、政治路向与时代风貌的全幅图景。或许，最终我们将在她们彼此不同的生活中，寻找到一些相通之处。

2001年，美国方言学会曾经举行过一次“世纪之字”的评选活动，结果出人意料——“她”以绝对优势战胜“科学”“信息”等候选字，成为21世纪最重要的一个字。这使得很多媒体在聒噪——“她世纪”已经正式来临。正如人类学家海伦·费希尔所指出的，女人很可能成为本世纪的“第一性”，男性的特点可能使他们在工业社会略胜一筹，但在由信息技术、网络社会和协作精神构成的新背景下，男性的优势则不会那么明显。按照女性主义国际关系理论的分析，世界政治的结构格局和话语习惯，一直以来已经深深地打上了男性的烙印，这使得权势、角力、冲突成为国际关系的主频道，甚至连“历史”的英文单词都成了“History”（His story，男性的故事）。

在“她世纪”，女性国务家不会再让这样的故事出现，这一代的Heroic Beauty将全力捍卫自己争取到的性别权利，将这份几代人为之付出的努力延续下去，并不断尝试打破笼罩在她们天空之上的玻璃穹顶。她们将始终铭记女权主义第二波浪潮的鼎盛时期，海伦·雷迪的那首名作《我是女人》：

我是女人
你会听到我的呐喊
我们人数众多
你无法充耳不闻

我不愿再像过去那样伪装
我已厌倦那些俗烂的辞藻

我曾经俯身于尘埃
然而现在
无人可将我压制

让我们走进这些不愿受压制的女人。

Clinton VS. Clinton

纵然是齐眉举案，到底意难平。

——《红楼梦十二曲·终身误》

大选后的第二天，希拉里穿着绛紫色的套装出现在媒体镜头前，在西方的政治隐喻里，这是一种失败、忧郁、不幸情绪的严肃流露。演讲中的一句话格外突出，希拉里告诉那些正在观看这场竞选的小女孩，“永远都不要质疑你的价值和能力，你值得去竞逐并拥有世界上所有的机遇”。这句话随即被全世界转载，希拉里自己或许也比较喜欢，索性将之作为 Twitter 的置顶信息。一场在山巅之城酝酿许久的性别对抗就此谢幕，一代女性打破天花板的伟大梦想被迫暂时搁浅。

也是从那天起，希拉里许久都不太露面。在民主党乃至很多共和党信众看来，特朗普自过渡时期以来的一些做法颇有不善，上台 100 天以来的很多政策简直堪称倒行逆施。面对洗脱自身的绝佳机会，很多曾经被特朗普击败的对手纷纷满血反弹，连奥巴马都没能忍住“离任总统不发表政论”的戒训，几次对特朗普横加指责。但是，希拉里未曾置评。在大家都希望她为自身的不幸说点什么的时候，她选择了沉默。仅仅在大选结束后不久，她通过一次在山间遛狗时与行人的合影，间接告诉这个世界，她已经有了新生活。

希拉里，一名在伟大的政治抱负中不断年迈的国务家，一名承载着这个世界上一半人口仰望的女性，一名履历完备的前第一夫人、参议员、国务卿、克林顿家族的另一半，这次真的放弃了。

这次竞选承载了太多象征意义，无论是女性国务家的身份，还是希拉里本人多年的勤勉蓄力。2008 年，当她在美国国家建筑博物馆的穹顶之下，万般无奈地宣布退选之时，她激动地对着拥戴她的选民说道：“既然我们已经把 50 名女性送入太空，有朝一日，我们总能把 1 名女性总统送入白宫，尽管这次我们还是没能敲碎这最高、最坚固的玻璃天花板……但光明正史无前例地照进来，下一次的征程或许会更轻松。”

为了这下一次的征程，早在 2013 年夏天，希拉里就已经召集了十来个助理制定演讲策略，并开始着手四处筹集资金。她记得 2008 年的教训，当时仅仅完成两个州的残酷厮杀，她就惊讶地发现自己的竞选资金已经不够用了。在输掉具有风向标性质的艾奥瓦州之后，她根本没有概念自己要如何翻盘。又经过了 8 年的蛰伏，希拉里告诉自己，这样的事情将不再被允许发生。

克林顿夫妇小心地经营着一切，在政商两界穿梭游走，四处拉拢党内要员，被奥巴马提名为国务卿之时，参议院以 94 ： 2 的高票拥戴希拉里当选。共和党参议员约翰·麦凯恩不禁感叹，“这个国家有很长时间没有这么团结一致了”，在他看来，“这个职位将大幅提升她的机会，从2016年的民主党偏好人选跃升为绝对偏好人选”。卸任后的几年，这对夫妇携手出席了各式各样的活动，馨享着来自各方的荣誉和鼓励，小石城启用了希拉里儿童图书馆与学习中心，城市的机场被改名为“比尔与希拉里·克林顿国民机场”，ABC新闻台甚至将2013年列为“全民向希拉里颁奖之年”，从《白宫女总统》《女副总统》到《女国务卿》，连美剧都开始不断为这位女性国务家的崛起造势。当克林顿在一次全球倡议组织会议上回答是否会有另一个克林顿入主白宫的问题时，他故意将目光移至远处，快速地舔了一下嘴唇——“切尔西还是太年轻了”[①]。随后，他为自己的幽默自鸣得意地笑了起来。最开始几次，当人们正面询问希拉里是否会参加竞选时，她总是坚定地说：“绝对不会。”重复几次之后，克林顿和助理们纷纷劝她不

① 切尔西·克林顿，比尔·克林顿与希拉里·克林顿的女儿。

要说得这么绝对，她笑了。用传记作家丹尼尔·哈伯的话说："在政治中，没有什么比不情愿或半推半就更有诱惑力。"

如此盛大的开场，却迎来如此萧瑟的结局。对于希拉里而言，到底意难平。当我们回顾过去半年发生的一切，我们发现希拉里的竞逐连同其失败有很多注定的因素。如果我们将这对夫妇视为一个整体，从他们彼此间的比较、互动和共生关系入手，或许可以参悟更多。相较于乔治·布什、米特·罗姆尼、迪克·切尼这些一个相框很难摆下的家族而言，克林顿家族的构成是如此简约，关系是如此微妙，感情是如此起伏。这是美国当代政治文化的重要缩影之一，从一个家族的跌宕可以洞悉一个人将如何从历史中离场。

健康、诚信与政治欲望

2012年12月，班加西事件[①]的责难与日俱增。在一次登机时，希拉里莫名其妙地摔了一跤，这一视频在YouTube上被反复播放。随后，希拉里持续数周消失在公众视线里。在这样敏感的时刻，她的

① 2012年9月11日，美国驻利比亚班加西领事馆遭到当地武装袭击，美国驻利比亚大使史蒂文斯及另外3名美国人当场殒命。事实上，自2011年卡扎菲政权倒台后，利比亚安全局势就急剧恶化，美国驻利比亚大使馆曾经多次向国务院发函要求增派安保人员，未得到肯定回复。袭击爆发后的第一时间，美国政府的反应也十分迟钝，该事件由是成为美国政府“不愿说的秘密”。直至2016年6月28日，美国国会众议院班加西事件特别委员会公布了美国驻班加西领事馆遇袭事件调查报告，指责美国国防部、中央情报局和国务院在内的有关部门没有在袭击发生前正确评估班加西的严峻安全局势，没有解决班加西领事馆存在的安全隐患。尽管在调查报告公布之后，希拉里第一时间表示“是时候继续前进了”，但该事件仍对希拉里的国务卿政绩造成一定影响，并在大选时反复被共和党阵营提及。

媒体团队根本无法消弭猜疑之声。记者们先是被告知，希拉里是因为“身体不适”而未在公众面前露面，她似乎有点小感冒。接着她又被解释为因患有胃病而严重脱水，从而导致摔倒并产生脑震荡。仅仅数日之后，又有消息传出，她是因脑血栓而入院。事实上，希拉里的病象正是中风的典型症状，她的家族本就有中风史，1993 年她的父亲就死于这种疾病。摔倒前数日，希拉里曾取消了一次出国访问，声称是胃中病毒所致，而这与 2005 年她在纽约水牛城演讲中昏厥时所用的理由完全相同。

这次事故以来，希拉里明亮的黄棕色眼睛上一直戴着偏绿色眼镜，眼镜配有菲涅耳棱镜，顾问们声称这是她曾经在家中摔过一跤受到脑震荡后所配，戴这副眼镜的目的在于帮助她看清物体。一些记者经过咨询医生后得出结论，这种菲涅耳棱镜同时也是医生为中风病患者矫正视力开出的常见药方。正应了那句负责政治报道的记者们最喜欢用的谚语，“无风不起浪（Everything happens for a reason）”。当这次选举前，希拉里再次摔倒在车门前的视频流出的时候，上述资料顷刻间被大量梳理出来，其中的潜台词很明确——“这已经不是第一次了”。奥巴马执政之初是怎样的风华年少，如果再看看他离任时满头的白发，就知道这个职位带给人的压力有多大。如果面对特朗普都可以发生晕厥，谁敢保证某天希拉里不会突然昏倒在克里姆林宫。

充沛的个体能量是担任美国总统的重要保障，老布什当年在总统竞选中输给克林顿的重要原因之一就是为人太过低调，有时甚至木讷，他先验性地厌恶在人群面前说话。面对冷战结束这样伟大的历史节点，换作肯尼迪、里根或是克林顿，都会组织一场浩大的庆典并带来一篇足以载入史册的演讲，然而老布什什么表示都没有，就像一切都没有发生过一样。若干年后，他的次子杰布·布什同样文弱，面对特朗普多番的人格侮辱，他竟然只是幼稚地反驳道：“你有胆量应该去招惹我母亲，她是我知道的最强硬的人，我很庆幸是她的孩子。”特朗普只用了一句“那应该让你妈妈来参加竞选”，就葬送了其全部的竞选努力。

在这一点上，希拉里和她的丈夫有着明显的差距。25 年前，当克林顿以 46 岁的年龄参选时，他是何等的“Energetic”（特朗普经常形容希拉里 Not Energetic）。在一次政府预算被国会驳回的尴尬中，克林顿找到了国会里年轻气盛的右翼代表纽特·金里奇，接下来的这场对话让这位一向不把克林顿放在眼里的年轻人毕生难忘——“你知道我是谁吗？”“不知道。”“我是你小时候玩的那个大橡皮小丑，每次你一打它，它就会弹回来。”克林顿停顿了一会儿，又接着说，“这就是我，你打得我越狠，我弹回来得就越快！”

25 年后，希拉里已经 68 岁，她将无法再拥有这种负荷的能量储备。即便没有这次的摔倒事件，媒体也早就发现，希拉里难以在巡回演讲中保持状态的连贯性，如果中间没有适当的休息，嗓子会哑得很明显，咳嗽会显著增多。最为可悲的是，在特朗普的挑衅下，希拉里被迫采取了一种强势的竞选风格。在希拉里的演讲中，我们常常能够感觉到她吊着嗓子站在男性声带的高度发出标准的美式演说的声音，那些必须要一浪高过一浪的连续排比句对她来说难度太大，那种宏大的演说意识和雄厚的感召力需要极为充沛的体能储备，在很多场竞选视频里，都可以看到她十分吃力，激昂处常常出现破音。

尽管美国政坛如罗纳德·里根、威廉·哈里曼①这样在古稀之年迎来自己政治巅峰的大有人在，然而希拉里是第一位女性尝试者，如果当选，她的年龄将在历届总统中排名第三。很多希拉里的朋友曾经提及，在从国务卿卸任之后，她许久都不肯表态是否竞选总统，其核心忧虑一直是——如果有 4 年

① 罗纳德·里根在 70 岁时才担任美国总统，是特朗普之前任职年龄最大的总统。威廉·哈里曼自富兰克林·罗斯福总统时期就活跃于美国政坛，先后在多届政府内任职，并主持参与了战时物资租借、马歇尔计划和美苏禁止核试验条约签署等多项重要事务，由于执意想成为国务卿，直至 70 余岁仍作为苏联问题专家奔走于国际舞台，并不断迎来自己的政坛巅峰。

的休息缓冲，是否还能够换回两个健康而完整的总统任期。据说，在竞选初期，希拉里的团队给她的人设其实是睿智祖母的形象，然而在特朗普的咄咄逼人下，这位祖母的气力被严重地过早消耗掉了。她经过了极其审慎的深思熟虑，走出了参选的这一步，却遭遇了生理意义上可能出现的最大挑战。当一个满负阳气的男人站在你面前微微抬起下巴，一个女性所意欲保持的刚强节制是那样的脆弱，出手抵抗又是那样的不堪一击。

除了身体因素，希拉里在政治技能上缺乏一种操控道德的天分与精明，这使得她在诚信问题上愈陷愈深。而这一点是她的丈夫赖以生存的看家本领，作为当代最为伟大的政客之一，没有人比克林顿更敢于不把诚信当回事。

早在小石城任职之时，当地居民就给这名年轻力盛的州长先生起了个外号叫“狡猾威利”（Slick Willie）。一方面，选民们认为他做得不错，在阿肯色州这样的小地方，他已经突显出了自己极其出色的治理能力，总是能够摆平各式各样的实际问题。然而，他从不吐露自己的想法，永远难以接近，政敌们对其居高临下的嘲笑总是恨之入骨。另一方面，大家都知道这是个好色的州长，几乎注定会有很多风流韵事，只是他永远掩藏得很好。

克林顿的竞选之路遭遇的第一个问题就是“为什么没有去越南”，在那个人人都会操着“Nam”的简称以彰显自己对越南事务之熟悉的年份，克林顿先是通过后备训练队的借口非法逃掉了兵役，而后又通过一封虚伪而热情的长信转而拒绝了后备训练队。在国家最需要他的时候，他没有担负任何责任，在牛津大学的宿舍里舒爽地休养筋骨。当这些旧事被他的竞选对手们费尽心机揭发出来的时候，克林顿仅仅是通过一场脱口秀节目①就将这一事件的诚信

① 在该节目中，克林顿出人意料地直面主题，不回避任何对其躲避兵役的攻击，反而从自己的年少冒失入手，主动忏悔自己当时没有认真应对这一问题，以幼稚替换了懒惰，以年龄搪塞了动机。

含义放松到了一个较为随意的标准，释义成一种年轻的调皮。对于那个年代的任何一名竞选者而言，对越南义务的背叛相当于对整个国家的背叛，然而，正如评论员马拉尼斯后来所说，克林顿却“像一名象棋大师一样应对了兵役”。

克林顿总是能够充分地利用选民对诚信最大限度的容忍来争取个人利益。无论是兵役事件，还是为其职业生涯带来重创的莱温斯基事件，每一次危机出现的时候，他都极有胆量地在相当长的时间内坚定地矢口否认，等到确凿的证据被披露后，再转而以克林顿式的方式搪塞一切，淡化这一问题的处理，并最终鸡贼般地苟活下来。不仅如此，在莱温斯基事件被坐实后不久的中期选举中，民主党丝毫没有受到影响，反而赢得了更多的席位。人们惊讶地发现，克林顿已经和选民们达成了一种浮士德式的交易——人们会为他投票，但是已经学会了放弃对他的信任，人们只是觉得国家有一个足够善于处理总统事务的聪明人是可以的，至于他做的那些不甚重要的承诺，大可置之不理。用普利策奖获得者、著名记者戴维·哈尔伯斯坦的话说：“克林顿成功地戏谑了诚信，成功地教化了选民。聪明可以代替诚信，成功的经济繁荣可以代替失败的个人道德，美国人民和他之间淡淡的关系就是一纸契约，选民对他的精明不亚于他对选民的精明。”

希拉里的精明不如克林顿，她在控制选民、圆滑世故这方面的本领，远逊于她狡猾的丈夫。莱温斯基事件的出现表明，她其实是这种狡猾最大的受害者。然而，她如同被克林顿所传染，无论是“邮件门”还是“健康门”，她总是在事情爆发的第一时间顽强否认，又在稍晚的时候面对被揭穿的窘境。比如从政很多年以来，她一直宣称父亲给自己取这个名字，是为了向世界上最早登上珠穆朗玛峰的艾德蒙·希拉里爵士致敬，希望她也能不断攀山落斜、勇登高峰。然而，希拉里出生于 1947 年，而这位登山家在 1953 年才首次登上珠峰。当这一事实为人们所发现之后，希拉里便尴尬地不再提及这个故事。

整个竞选阶段，她又犯了老毛病。“邮件门”事件给希拉里带来的折冲实在太大，尽管她企图重走其丈夫的老路，把一切轻松说成是“所有人都会因偷懒而犯下冒失的错误”。然而时过境迁，克林顿夫妇不再是当初顽皮的少年映像，她看起来极度富于心计，参加了几场脱口秀节目，却始终无法摆脱这个阴影。正如保守派媒体所辛辣讽刺的，“人们知道所有政客都没有真话，不过克林顿夫妇能够把谎言说得如此轻松自在，实在令人困惑”。从“邮件门”的1.0、2.0，再到3.0，这种损耗是不断绵延的，摇摆的选民和希拉里自己一样，永远不知道下一个版本会出现什么更为致命的信息，永远不知道一个人还可以复杂到怎样的程度，永远不知道自己距离美国政治的真相有多么遥远。诚信的底线不断被拉低，每一次新消息爆出来，就会有新的一拨选民转身离开。更为致命的是，这是一种灰心和沮丧的离开，几乎可以确定不会再恢复。

最后，希拉里与其丈夫之间的区别还在于，克林顿本质上是一只政治动物，政治事务是其合法性的全部来源，他对于参与政治有着根深蒂固的个体欲望。早在白宫实习的时候，他甘愿一个上午洗三到四次澡，每个周末下午参加三场不同教堂的礼拜，只为在这些适合谈天的场合见到更多的实习生。在他看来，这些年轻的关系网将成为自己日后的重要财富。琼·迪迪翁在她的政论文集《政治小说》中曾经写道："但凡在美国上过高中的人，在观看 1992 年克林顿的总统竞选时都会注意到他身上那令人熟悉的特质、强烈的控制欲望，这在小地方的青少年身上特别典型。"即便在离任后，他仍然通过四处演讲、当顾问、非正式外交渠道、自己的基金会和筹备希拉里的竞选班子等方式，深刻地影响着民主党的政治风向。如果生命里面没有政治，克林顿简直不知道应该如何存活。

这是他的最大兴趣所在，同时在这方面，他

也的确是个天才。他是如此能够取悦到听众的虚荣心，在竞选时期总会紧紧地握住任何一名身旁正在讲话的选民的双手，并真诚地说："相信我，我能感受到你的痛苦。"很多人曾经表示过，在他的目光与你相接的一瞬间，你能够发觉自己已经成为全世界最为重要的人，他的演讲是那样充满磁性。在前副总统戈尔的密友、民主党政工人员鲍勃·斯奎尔的葬礼上，戈尔一脸不满地看着与斯奎尔根本不怎么熟悉的克林顿作了一次声情并茂、赢得众人首肯的演说，他知道自己永远也做不到这一点。

克林顿对于政治的坚守是极其笃定的。在他的第一个任期，整个国家的对外事务糟透了，特别是还出现了索马里危机这样让美国政府名誉扫地的事件，克林顿感受到了极大的压力。不久后的海地危机中，美国强大的军队被雇来的一群乌合之众赶跑，克林顿政府再次颜面尽失。在一次对俄罗斯的访问中，美俄双方的安全官员都获得了可能会有暗杀活动的情报，然而克林顿坚持要完成访问，他的理由是，“我绝不会像在海地一样怯懦地离开”。随后不久，海地问题被完美地解决，代顿协议[①] 签订后，克林顿甚至相当成功地应对了波斯尼亚危机，终于在自己的对外事务上扳回一局。他的助手们发现，克林顿在面对那些最为严厉的攻击时的反应着实令人叹服，在历经个人的灾难之后，克林顿会变得更加投入，竭尽全力向自己的目标靠近，在威胁面前近乎残酷、无情、疯狂。他们认为，这是克林顿最大的政治优势。

相较之下，希拉里更像是一名正常人，不过是具有较之常人稍强的政治抱负，而这种抱负在其丈

① 冷战结束以后不久，波斯尼亚和黑塞哥维那由于剧烈的民族、种族冲突爆发持续性内战，在长达 4 年的战乱中，200 万人死于非命，20 万人流离失所，甚至出现多起种族屠杀事件。克林顿政府以人道主义名义卷入这一事件，但在是否派驻地面部队的问题上长期犹豫不决。最终，在霍尔布鲁克等经验丰富的外交官的斡旋下，塞尔维亚共和国总统米洛舍维奇、克罗地亚总统图季曼、波黑总统伊泽特贝戈维奇三方于 1995 年 11 月 21 日在美国俄亥俄州代顿草签了波黑和平协议，三方达成停火。

夫的影响下得到了极大释放。在政治以外，希拉里是存有真诚的，在其卧室里的枕头上天真地绣有爱因斯坦的名言——“伟大的心灵总要遭到平庸之辈的强烈抵牾”。很多熟悉这对夫妇的人都曾表示，克林顿极为自恋且心地冷淡，希拉里尽管看起来比较强势，实际上非常温和真诚，她是这个家庭里富有同情心而且更好打交道的那一个。更为关键的是，她会真正把朋友当作朋友。在长年伴随左右的助手胡玛·阿贝丁[①]反复被自己糟糕的丈夫破坏名声的时候，希拉里给予了她无条件的保护和庇佑，不管这将对选情带来怎样的影响。在她最为尊敬的外交家

---

① 胡玛·阿贝丁，自1996年毕业后，以实习生身份开始为时任第一夫人的希拉里工作，2000年正式成为希拉里参议员竞选团队的一员，并在2016年大选中担任希拉里总统竞选团队的副主席。十余年来，阿贝丁与希拉里几乎24小时形影不离，是后者最为倚重的私人助手和高级幕僚。阿贝丁的丈夫，前国会众议员安东尼·韦纳从政多年来三次被爆出网络性爱丑闻，并每每在关键时刻断送自己的政治前程。

理查德·霍尔布鲁克[②]弥留之际，希拉里每天都去医院探视，并在他过世的当天进行了深情的演讲，拥抱了每一个人，久久不愿离去。作为希拉里年轻时最为亲密的闺密之一，南希·彼得拉费萨曾经提及，“希拉里觉得自己是一个容易受伤的女人，因此，她解决问题的方法是让自己刀枪不入”。

在2008年的竞选对峙中，当希拉里看到首战艾奥瓦州失利后整个风向大幅倒向奥巴马，曾经在新罕布什尔州建立的领先优势一夜之间土崩瓦解时，她竟然当着数十家电视直播的镜头哭了起来。这一画面触动了正在离她而去的白人选民和妇女的恻隐之心，人们感觉到了政治人物少有的真实一面——

② 理查德·霍尔布鲁克，美国当代最为重要的外交官之一，前美国驻联合国大使，先后担任美国派驻南斯拉夫、阿富汗问题特使，在波黑战争的斡旋中达至政坛生涯的巅峰，并由此获得诺贝尔和平奖。霍尔布鲁克在晚年曾长时间担任希拉里的国际问题顾问，并希望在希拉里当选后出任国务卿，最终死于奥巴马政府任上。美国《外交政策》杂志对他的评语是：“美国人要到很多年之后才能明白（或许永远也不会知道），霍尔布鲁克的死将给这个国家带来多么严重的损失。”

“天呐，她哭了，这可真糟糕”。正是这种真诚使得希拉里的票数起死回生，并且最终成功拿下新罕布什尔州。事实上，正如很多观察家们指出的，希拉里满怀真诚时的表现远远优于照本宣科。然而，她没有吸取这个教训，在2016年竞选的三场辩论期间，她严格遵循着既成的政治套路，始终牢牢占据着道义制高点，洋洋自得间肆意嘲笑特朗普随处可见的漏洞和无知。

这绝对不是吸引选民的正确方式，希拉里需要的不是克林顿式的高压，她缺乏控制好这种尺度的天分。资深民主党竞选顾问鲍勃·施鲁姆曾经在一次采访中提到，“我曾经见过她跟她丈夫同坐在一个会场里，她的丈夫总能吸引大家的注意，而她根本就没有那种气场”。作为看起来更为明智理性的女性候选人，希拉里其实根本不需要急于论证“when they go low, we go high”（米歇尔·奥巴马的名言，多次为希拉里在竞选中借用），在草根选民的政治理解方式里，这将使得她格外清高。她一方面没有克林顿那么极端的政治欲望，另一方面又没有凸现出个人真诚的一面，刚好留有的一部分政治野心和小聪明总是不合时宜地流露出来，堪称竞选中最大的失当。

成也克林顿，败也克林顿

希拉里的竞选已经结束，甚至某种意义上她的政治生涯也已经结束。这条道路自陪伴克林顿来到小石城参加竞选开启，至今刚好 30 年。可以说，是克林顿带给希拉里政治启蒙，通过陪伴、支持、挫折、背叛、机遇、重生、独立，希拉里勇敢地经受了教科书般的政治教育。从一开始，她就满腔热忱地投入进去，早在克林顿刚刚担任总统之际，她就自告奋勇独立承担了民主党非常看重的全民医保项目和儿童福利项目，然而很快，在她的努力被证明即将成为灾难之前，克林顿将这一切停了下来。很长时间里，希拉里认为自己或许只能凭借学历和气质成为历史上又一个比较出色的第一夫人，如埃莉诺·罗斯福和南茜·里根一样。然而在克林顿执政的尾声，一名叫莱温斯基的女子改变了这一切。

希拉里在回忆录《亲历历史》中曾经写道："我生命中最艰难的决定是仍然保持与比尔的婚姻，以及竞选纽约州参议员。"我们首先当然要本着极大的真诚对希拉里的感情遭遇表示同情，然而在承载这一切的同时，另一扇大门也已经打开。正如丹尼尔·哈伯所指出的，"她已成为世界上名声最响的弃妇，而她将这一点利用到了极致……她正是利用克林顿名声扫地来为自己进入参议院正名的"。事实上，这两件事情已经通过竞选融洽而自然地合为一件事情，这个抉择从来就不曾存在，用希拉里传记作者盖尔·希伊的话来说，"做出继续维持跟克林顿关系的决定可谓'轻而易举'"。按照希拉里的密友黛安·布莱尔的披露，在整个事情稳定下来以后，"第一夫人几乎到了痛并快乐着的地步……她看起来状态不错，几乎有些愉悦”。莱温斯基或许是希拉里遇到的最为幸运的事情，尽管这句话本身是一个极为残酷的讽刺。

在参议院对克林顿弹劾案进行投票之时，在她的丈夫处于政治命途最为关键的时刻，希拉里正在白宫东翼与幕僚筹划她的参议院竞选策略，彼时她刚刚看到开启一个新世界的可能，整个人深深陷入了对未知前程的巨大憧憬。这时有人进来通知她说，克林顿的定罪动议已经被推翻，她大约说了句“多谢”，便紧接着继续刚才的话题，埋头于自己的竞选谋划中去了。希拉里深切地领会了蕴含其中的政治运筹，一切不过是为了教化民众，对于这份不知如何界定的爱情，她只需要按照“耻辱——宽恕——救赎——重生”的套路走上一遍，她的选情便可豁然开朗。一名克林顿身边的顾问仍然记得当年的情景，当克林顿深陷重重丑闻被媒体围追堵截的时候，在一次有关"白水门"事件[①]的调查中，他曾经找到了第一夫人的新闻秘书，并询问为什么不能对媒体坦诚一次，"总统和这件事情并没有瓜葛，这并不会伤害总统的个人声誉"。这位新闻秘书的回复是："我们不能，希拉里也有自己的政治抱负。"这名顾问大

---

① 克林顿政府高级助理之一乔治·斯蒂法诺普诺斯在其回忆录《人之常情》中曾经这样写道："如果有个精灵能够让我回到过去，改变自己在白宫任职期间的一个决定，我会选择回到1993年12月11日早上的白宫椭圆形办公室餐厅。"那天早上，椭圆形办公室举行了紧急会议，讨论《华盛顿邮报》索要白水开发公司相关文件的要求。白水开发公司是阿肯色州一家倒闭的地产投资公司，克林顿夫妇曾参与该公司的投资业务，而希拉里则涉嫌将一笔可观的非法红利存入白水开发公司的克林顿名下，再利用法律上的空子将这笔钱转出，用作克林顿1984年竞选连任阿肯色州州长的费用。在该事件的调查中，克林顿的助理们全部建议向外界公开实情，认为这不会影响到克林顿总统的声望，但克林顿囿于希拉里的压力，决定将事件隐瞒。最终，这一事件的调查压力越来越大，特别检察官斯塔尔在扩大了调查范围后发现了克林顿和白宫实习生莱温斯基的不正当关系，最终导致克林顿面临弹劾。克林顿的另一位助理格尔根曾经在其回忆录《权力证人》中提到，"拒绝公布白水文件的决定是一个重要转折点。如果他们在1993年12月将文件交给《华盛顿邮报》，这桩7年前的土地交易很快就会从媒体视线中消失，未来7年的走向将截然不同"。

概是觉得没有听明白，便直接问道：“你这话什么意思，还有什么抱负要高过第一夫人吗？”这位秘书淡淡地回答道：“有，还有2004年大选，或者2008年。”

无论痛苦与侥幸的比例是如何在希拉里心中调和的，事情过后，纽约州的大门的的确确为其打开了。这是全世界最伟大的城市，希拉里完全无法抵御这种新世界磅礴绽开的巨大诱惑。她想起了自己的偶像埃莉诺·罗斯福，希拉里的父亲曾经担任过罗斯福夫人的顾问，甚至还曾亲自鼓励她竞选纽约州参议员席位。然而，彼时对女性从政的接受度远不及今日，罗斯福夫人最终放弃了。希拉里无法抗拒这种命运相似性的比较，在她看来，自己注定是要完成罗斯福夫人的未尽使命。在演讲中，她无数次地拿罗斯福夫人说事，甚至决定同样撰写一个名为《商榷》的专栏，再度追随这位偶像的脚步。

对于克林顿而言，他是如此急切地愿意帮助希拉里做任何事，并以此来稍许减轻自己心头存有的巨大愧疚感。正如其身边的一位助理所深刻揭示的，在克林顿的心底，永远觉得自己欠希拉里一个总统职位。在克林顿的辅佐下，希拉里在参议院开启了自己相对独立的政治生活。她倾尽全力地梳理人际关系，雇用私家侦探打听所有议员的需求，小心讨好党内大佬，对方邮件递过来的垂询事项她总会第一时间拿起电话回复。她着重演练了筹款以及回报朋友的能力，不出几年她便赢得了“联邦拨款散财女王”的名声。她甚至超越党派之争，不遗余力地争取共和党人的支持，并试图引导右翼向左转。在一场于共和党政策委员会办公室举行的移民法案新闻发布会上，当希拉里从门口径直走进来并对着镜头当众对法案表示支持时，全场人都惊得目瞪口呆。按照一名助理的回忆，她基本上像是走进了死屋，这里是整个共和党对希拉里恨意的原始策源点，而她就那么大摇大摆地出现在那里了。或许由于她取悦共和党的态度有些过于明显,很多报道甚至将克林顿夫妇视为“民主党内的共和党一翼”“克林顿民主党派”。

克林顿夫妇有一种价值无涉的能力，在他们看来，从来就不存在绝对的对与错、左派与右派、民主党与共和党，人际关系本身才是最为重要之事，一切政治关系都是利用与被利用，这是典型的政客思维。其好处在于，每一场竞选对抗下来，无论输赢，无论埋藏下多少仇恨，他们总会在第一时间与对手和好，同布什家族是这样，同奥巴马是这样，现在同特朗普也是这样。甚至被民众认为与克林顿夫妇是世仇的纽特·金里奇[①] 也在近些年成功被软化，经常对其说几句溢美之词。这位曾经发过誓“只要我还当议长，我的每次发言都会提到莱温斯基丑闻这一话题”的前议长，在其母亲过世时还曾经收到过克林顿极其真诚的电话慰问。

在希拉里起步的关键阶段，这对夫妇在地理上

① 纽特·金里奇，前国会共和党领袖、众议院议长，曾经率领共和党在 1995 年取代民主党成为美国众议院的最大党派，一举终结了民主党在国会下院长达 42 年的第一大党的历史。在担任众议院议长的 4 年间，金里奇力主制定保守法律，在 1995 年预算问题上与总统克林顿发生激烈冲突，并在莱温斯基事件中坚决要求弹劾总统，被公认为克林顿执政时期的最大宿敌。

保持了一定的距离，几乎只有周末会匆匆见面，但是感情上正在逐渐回暖。在莱温斯基事件发生以来的20年里，戈尔与妻子蒂珀离了婚，麦凯恩为捕风捉影的婚内不忠闹得满城风雨，爱德华兹在妻子患乳腺癌奄奄一息的情况下与一位二流纪录片制片人传出绯闻，而政治宿敌金里奇已经重新结了三次婚。当这一切发生的时候，克林顿与希拉里仍然在一起。他们或许永远不会分手，正应了金里奇那句虽然不好听但实则鞭辟入里的话，“她嫁给他是因为他终将出人头地”。

然而克林顿的介入带来曙光，也带来灾难。

早在2008年的竞选中，首场艾奥瓦州失利后，克林顿就曾愤怒地抱怨希拉里竞选团队的低效，并且决定不听劝阻，亲自去黑人选民占据绝大部分的南卡罗来纳州站台。在奥巴马的大本营，克林顿往日的理性清明不知为何突然失去了，在某个癫狂的时刻，他冲着记者们大喊：“你们真可耻！”这段视频在YouTube上被无休无止地反复播放，等到他回来时，他的妻子已经承受了致命的伤害。该州民调显示，58% 的选民表示，克林顿的介入是促使他们将选票投给奥巴马的重要原因。

人们深切地讨厌克林顿，并对于他在总统第二任期所作所为如此荒唐，却逃过了惩罚深感愤恨。然而很长时间以来，由于克林顿已经离任，这种愤怒一直没有发泄口。2008 年，奥巴马是民主党内对克林顿那种暗流涌动不满情绪的直接受益者，这种愤怒理所当然地波及到了希拉里。在她满怀信心地决定成为历史上首位女总统之际，美国人民选择了创造另外一种历史。克林顿曾经评价奥巴马，“他以前只配给我端咖啡”。希拉里在饱尝竞选初期失利的痛苦后曾经问过一位朋友：“我实在搞不明白，你能告诉我这个家伙到底有什么能耐吗？”“恕我不敬，夫人，”那名朋友简单地回答道，“他不是你。”

2008 年竞选结束后，克林顿从希拉里的失利中总结了几条教训，并且决定在下一次竞选中竭力纠正：其一，她没有获得足以支撑长期竞选的资金；其二，她忽略了黑人、同性恋者和拉丁美洲人；其三，竞选关乎未来，克林顿夫妇必须彻底抹掉过去。这几条教训是如此深刻地影响到了这对夫妇的理念认知，以至于他们在2016年的大选中疯狂地努力填补。在特朗普独立支付竞选资金，而桑德斯只有每人不到200美元资助的情况下，克林顿夫妇还在担心自己的资金池不够丰满。在整个政治生态的核心矛盾开始向民粹主义和本土主义转向时，希拉里仍然疯狂地涌向妇女、LGBT（女同性恋者）和少数族裔，他们的努力最终使得一切都做得过了头。

但有一件事情克林顿是对的，他决心回到幕后，并通过希拉里身边的幕僚小心地呵护她的名誉，像守卫皇冠上的明珠一般谨慎。他们开始更强调高压操控，这是在华盛顿，整个民主党人人皆知的一条铁律——“克林顿家族可不是好惹的”。一本有关希拉里政治生活的传记曾经披露，在希拉里的心底，以及在克林顿最为信赖的助理道格·班德的手机上，都存有一份“敌人名录”，其中列举了那些在2008年不支持希拉里竞选并理应受到惩罚的人员名单。

2013 年，当希拉里满负名望，各地不断涌起希望其参加竞选的呼吁之时，CNN 和 NBC 分别宣布筹拍一部有关希拉里生平的纪录片和迷你剧，剧情将从莱温斯基事件开启，沿着希拉里的政坛脚步一步步向成功迈进。两家媒体都是鲜明的自由派立场，这些举措在他们看来将极大地为希拉里的竞选造势。然而，克林顿夫妇竭尽所能否决了这两部作品，当制作方怀着极大的疑惑询问为什么这对夫妇对此大动肝火，他们的邮件只得到一个单词的回复，“莫妮卡”[①]。在他们看来，这件事情永远无法洗刷干净，不能因为任何目的触发民众不必要的回忆。

与此同时，希拉里深切地知道自己必须和克林顿划分开来，以彰显自身的独立性。她在国务卿任上，一次赴刚果的考察中，被不礼貌地问及克林顿打算通过他夫人的口传达怎样的信息时，希拉里愤怒地一把扯下耳朵上的同声传译设备，大声说道：“我的丈夫不是国务卿，我才是。如果你要问我的意见，我

---

① 指代莫妮卡 · 莱温斯基。

会告诉你我是怎么想的，我并不是我丈夫的传声筒。”

然而，一切最终呈现为徒劳。在三场总统辩论中，希拉里在有关“性”的问题上全面被动，特朗普爆出的“视频门”已经出现了“Grab Her By the Pussy”这样的字眼，然而希拉里在主动进攻面前仍然显得十分犹豫、畏首畏尾，最终竟是特朗普反客为主，找来3名克林顿的“绯闻女主角”召开记者会。他随口的一句“我只是说说，但他却是做做”，让希拉里几乎无法继续辩论下去。在竞选的最后几天，FBI在其官方推特公布了涉及克林顿在离任前最后时刻特赦亿万富翁马克·里奇① 的129页文件，尽管没有新的信息流出，但这一时机足以让克林顿夫

---

① 马克·里奇是美国司法部追寻了17年的十大通缉犯之一，1983年在受到包括逃税等多项联邦指控之后逃往瑞士，并于2013年去世。克林顿在2001年1月20日任期的最后一天疯狂签署了140份特赦令，其中就包括这位巨富逃犯。由于里奇的前妻丹尼斯曾经向克林顿总统图书馆基金会捐款45万美元，向希拉里参议员竞选活动捐款10万美元，使得克林顿的特赦动机受到强烈质疑。

妇意欲让选民忘掉历史的所有努力付诸东流。人们重新回想起了这对夫妇的狡诈。在竞选的最后几天，这种观感甚至达到了峰值，随后伴随着希拉里的隐去和对特朗普的失望渐渐消散了，不过一切都已经晚了。

公民、政客与国务家

在克林顿夫妇看来，问题或许出现在最后时刻被打乱的政治算盘。他们永远不会去主动思考总统这一职责的含义，在他们看来，这不过是政治序列里位于最高点的一种存在，应该是所有政客汲汲以求的东西。这对夫妇一生当中的最大问题或许就在于此，他们的生命里始终缺乏一种深刻的终极价值理念。相对主义逻辑是如此疯狂地占据了他们的头脑，没有什么事情是不可牺牲、不可让步、不可交易的，先验性地缺乏一种对于国家责任的深刻理解和笃定追求。即便是作为一名政客而非国务家而言，这也是颇为不合格的。

人人都知道，克林顿长于国内经济事务。当老布什满携着结束冷战、海湾战争大捷的荣光站在演讲台的对面，克林顿只是淡淡地指出“问题是经济，笨蛋！”就拿下了总统席位。在他的首个任内，道·琼斯指数和纳斯达克指数几乎翻了一番，失业率由8%下降到5.5%，高科技产业蓬勃发展，商业活动的方式出现了革命性的变化，百万和亿万富翁不断增多。经济上的巨大成功让克林顿冲昏了头脑，也成功分散了国民的注意力。几年过后，当人们开始随着保守派转头咒骂民主党延误了重要发展契机的时候，他们惊讶地发现，总统在对外事务上的成就少得可怜。克林顿先天缺乏对宏大战略的基本敏感，整个任期没有与任何主要大国建立起信任，却囿于道德压力戚戚于索马里、波斯尼亚、海地、科索沃等地的人道主义危机，并一次次给自己带来巨大的外交灾难。

长期的冷战使得美国的国务家和民众对世界矛盾的认知单一化，对于美国而言，冷战结束以后的头号任务应该是如何在对手消退的情况下重新定位自身的国际角色。如果说整个20世纪90年代只剩下一个国家命题，那么这个命题应该是“美国权力的界限”，而绝非国内的经济发展。然而很长一段时间，克林顿搞不清自己对于苏联留下的权力真空的应有态度，保持距离似乎有违胜利者的英明和自信，过分干预则又会不由得畏首畏尾。克林顿带领的民主党人踉踉跄跄，勉力完成了几次维和任务的考验，却使得美国对战后国际角色的定位这一重要的历史使命被严重拖延，直至共和党上台后，形成了报复性反弹的新保守势力。冷战结束到“9 · 11”事件之间的10年是美国的最佳时机，那是历经了半个世纪的对抗好不容易换来的相对和平的时期，互联网经济刚刚起飞，就业爆炸式增长，民众对于未来信心空前。选民们原本希望这名颇有才华、口才出众的总统能够率领他的自由派联盟成就大业，把自由主义建立为标榜千秋的伟大理念，成为民主党最具合法性的党魂，就像里根曾经为共和党所做的那样。

然而，莱温斯基事件挥霍了这一切努力，轻松地消耗掉了克林顿在首个任期垒筑的全部合法性，没有能够如其他曾经连任的总统一样完成第一任期中由于缺乏政治力量而被推后的事项。全部总统班子的注意力被用来应付镁光灯，克林顿本人则对于出头露面的场合更加挑剔，共和党在长达三年的时间内疯狂地攻击他破坏了总统这一职位的神圣地位，剥夺了克林顿进行政治变革所主要依赖的道德权威。戴维·哈尔伯斯坦观察到“那些对自己的信仰怀有坚定立场，带着满腔政治进入国会的年轻保守党人士是如此痛恨他和他的妻子，以至于超越了意识形态，成为强烈的个人攻击”。

克林顿热衷于历史学，在任的最后时间，他全力以赴，希望能够以历史的名义为人们所记住，然而他的第二个任期只能在混沌与躲闪中度过。某次晚宴，他身旁坐的刚好是美国历史家协会的成员多丽丝·古德温，这个协会刚刚完成一份对美国历届总统的评价排名报告，很遗憾，克林顿只是位于中间。这一晚的大部分时间，他放弃了应该处理的很多社交事务，不断地表达自己对得到普通排名的不满，为抬高自己的名次持续进行游说，然而莱温斯基的名字注定将要伴随他一生。

希拉里在其短暂的任期里犯着几近相同的错误。她答应出任奥巴马政府的国务卿几乎完全是出于个人政治简历的考量，在竞选失利以后，她是如此的消沉并忙于总结原因，她从未认真对国务卿的职位进行过哪怕一丝一毫的尽职调查，这一位置最终被给予她完全是出于一种大家早已习以为常的政治平衡。没过多久，她就明确地意识到自己将永远无法走近奥巴马的芝加哥小圈子，在这以后，希拉里立即卸下重担，重新回到熟悉而轻松的个人生活里。《大西洋月刊》记者格林曾经写道：“她在参议院里真正的成就始终是修复希拉里的政治形象和政治生涯……虽说她谈起来总是滔滔不绝，但她却讲不出多少实质性的东西。”她在大事情上不闻不问，在全球各地刷出了 956733 英里的航空里程，并且不断以之为炫耀资本，仿佛这件事真的十分值得炫耀，一切不过因为近在咫尺的椭圆形办公室实在无法走近。

希拉里的里程几乎没有换来任何实实在在的外交成就。在中东地带，她的新保守主义撂下了一个个僭主，留下了马蜂窝般的权力烂坑，无人收尾，无法捡拾。在致命的班加西事件中，希拉里备受指责，副国务卿帕特里克·肯尼迪曾经指出，“根本错误出现在拨款不足，最佳防护策略便是建设新设施”。而所有人都知道，正是希拉里对大使一次次提及的拨款请求没有在意。国务院甚至存有一份报告，要求利比亚安全官员不要就某些安全举措提出要求。在事情发生后的第一时间，希拉里并未尽责地拯救班加西的下属，甚至没有打电话给国防部，看看是否可以采取拯救大使性命的军事行动。如果不是霍尔布鲁克和基辛格等人悉心提供咨询，她极度缺乏的外交经验和政策能力在国务卿任上将更加暴露无遗，就这点而言，特朗普对于“希拉里是最差的国务卿”的指责并不为过。

不是一家人，不进一家门

凡事善始易获，善终难得。克林顿和希拉里先扬后抑，几乎经历了完全相同的政治命途。甚至某种意义上，三十余年的夫妻生活，他们也相互塑造了极为相近的理念、品质和性格。克林顿带给希拉里必备的政治教育，而他在民主党代表大会上的演讲则深刻表明，希拉里几乎成为克林顿唯一能够看得起的女性，她带给克林顿的远远超过日常家庭生活的幸福、莱温斯基事件中的信任，更为重要的，是她那永远无法安静的丈夫极度渴慕的安全感。

克林顿出生于阿肯色州霍普镇的一个单亲家庭，他的父亲在他出生前几个月由于车子失控钻入一条沟渠而溺亡。为了帮助抚养孩子，克林顿的祖父必须同时打着两份工，在经营杂货店的同时还要去一家锯木厂守夜，最终勉力把这个家庭支撑起来。在克林顿的成长过程中，无时无刻不感受到一种对于金钱的不安和沮丧，这种感受陪伴他一生。即便是在人生的最高峰，他仍然由于离开白宫之际的多桩案子缠身而累计拖欠1200万美元的律师费。在最为糟糕的日子里，他拿不到抵押贷款，甚至曾经被指控偷窃空军一号上的小地毯和日用品。这揭示了克林顿在卸任之后仍然疯狂地游走于各项政治和经济事务之间的直接原因。不管他的演讲费怎样翻番，他永远觉得不够，因为他曾经如此难堪地贫穷过。

克林顿的另外一重自卑来自于父爱的缺乏。在他的性格深处，始终存在着对有名望的长者的尊敬甚至崇拜，他潜意识里会将之视为父爱的替代品。他曾经疯狂地膜拜自己的第一份政治生活的主人——参议员威廉·富布赖特，总是不厌其烦地向人讲述早年为这位参议员开车去各地竞选时的美好回忆。而在总统竞选成功后，他逐渐喜欢起自己的对手老布什身上的那种来自更高阶级的儒雅与博爱，他开始走进这个家族甚至将老布什视为自己的世交，他们亲切地称呼彼此为 41 和 42（美国第 41 任和 42 任总统）。在老布什生日宴会的相片里，所有 27 名成员全部是布什家族的人，除了外加的克林顿。一位布什政府的前官员对此做出了解释，因为布什家族一直有收养孤儿的传统，这个庞大而富有活力的家庭为克林顿内心深处最为匮乏的部分提供了无比的安全感。克林顿的生存欲望非常强烈，为了换取安全感，他能够容忍一切。首个总统任期，他的外交政策几乎全是老布什总统的旧部在运作，经济政策则是各大财团代言人的利益平衡结果。在一次有关预算问题的关键辩论中，他几乎是完完全全按照艾伦·格林斯潘的意思做出了缩减财政赤字的决定，他的一个朋友曾经说过，“克林顿的身体里没有一根骨头，他所做的一切都是为了生存”。

从走进克林顿生活的那一天起，希拉里就发现了她的丈夫心绪不安的根源。她总是格外注意给予他关注与爱护，尽量不去挑战他极端敏感的自尊心。在政治事务的判断上，她很少否定克林顿的想法；在感情问题上，她保持了一以贯之的隐忍和克制。即便在自己最为痛苦的时候，她也陪伴在克林顿的身边，没有让他倒下去。在弹劾总统议案表决前的新闻发布会上，克林顿几乎是被助理架着双臂走进会场，他像个孩子一样极端暴躁，口中不断地喃喃自语："我要崩溃了，我要崩溃了。"就是在这样的时刻，希拉里成为他内心中不安全感的最大佑庇。在克林顿频繁出席活动的那些年里，希拉里通常会先于丈夫离场，坐到专车里等他。几分钟后，她会催促丈夫动身，而克林顿通常会故意多待上 15 分钟。按照一名助理的观察，希拉里总是寻求控制她的丈夫，而后者绝对不愿轻易让她得手，她在给予了宽容的同时也对这种控制更加充满渴望，这是二人关系中的精髓。事实上，不管他们的生活里充斥着怎样复杂的政治暗语，无论他们的爱情是怎样看起来寡淡如水，正如克林顿的幕僚塔尔博特在一次描述时所触及的那种微妙，“他们的伴侣关系温情而亲密，从来也不是冰冷的，有时候还会从某些地方迸发出一点火花，但不是源自性冲动，这一直是萦绕在我心头的不解之谜”。

答案很简单，这是彼此相衬的两个聪明人正在相互欣赏，把他们紧紧连在一起的是一种源自骨子里的精英意识。这种意识从肯尼迪兄弟、邦迪兄弟到克林顿夫妇，是民主党区别于共和党的重要风貌之一。希拉里在高中时就进入了美国优秀学生奖学金竞赛的决赛，是第一个在威尔斯利学院毕业典礼上发表演讲的学生，并且在工作后两次当选全美百名杰出律师。而同所有政坛年轻的出类拔萃之辈一样，克林顿是罗德奖学金的获得者，在美国，这个奖学金可以定论终身，完美地解释一个优秀的人的一切。克林顿是天生的政治家，对自己的能力充满自信，从不怀疑。在民主党蛰伏的多年间，他一直在估价他潜在对手的实力，并且一再得出结论，尽管没有足够的金钱和资历，然而自己的政治技能和才华要显著强于他们。1991 年的夏秋，老布什身携冷战和海湾战争胜利的巨大光芒，支持率一度高至 90%。民主党内所有稍有名头的竞选者全部退却了。只有克林顿敏感地捕捉到，长期的冷战对峙严重压抑了美国经济的生长力，美国民众已经对战后的新图景出现了巨大的期盼，而布什总统对于国内事务过于忽视,这将有可能让他付出丘吉尔式的代价[1]。最终，他使这一切成为事实。

希拉里深刻地欣赏克林顿的精英意识，在她看来，一只聪明的政治动物具有极大的吸引力。她曾经和朋友表示，她无法抗拒个性张扬的男人，她自己的父亲就是这种人。早在希拉里决定放弃自己在纽约或芝加哥相当有前途的律师生涯，远赴一个名叫小石城的小地方操劳，在落后的欧扎克小镇勇敢地假扮一口南方口音以取悦当地白人选民的时候，

① “二战”期间英国首相丘吉尔挽救了整个英国，却在战争尚未结束时被选举下台，由被视为更善于经济治理的艾德礼取代，该事件被誉为选举政治中的“丘吉尔现象”。

她就已经决定了要把自己的一生都献给这个男人。

她将永远不会忘记自己在耶鲁法学院第一次遇见他时心头的惊喜，当年她偶尔听见一位蓄着小胡子、不修边幅的小伙子在不远处向别人吹嘘阿肯色州产的西瓜是全世界最大的，“那是谁？”她问一位朋友。“那是比尔·克林顿，来自阿肯色州，他话不离口的就是那个州里的破事儿。”这位朋友随后介绍到克林顿尽管很有才华并且自命不凡，但并不是一个专一的人，她恳求希拉里不要和这个家伙约会。然而一切都晚了，一切就这样开始了。在耶鲁法学院读书时，这个毛头小子总能够说服已经闭馆的图书馆员放他们进去。虽然他以饱满的个人魅力周旋于各式各样的女性之间，希拉里仍然认为那是聪明的表现。他们中意的房子都铺有蓬松的地毯与涂成金色的墙壁，他们共同喜欢20世纪70年代的风格，就是他们还是普通公民的那个年代。如果某日，可以抛去一切浮华，这对夫妇或许本可以生活得很好。

希拉里后来常常会谈及从前的一段生活。在克林顿刚刚当选总统时最为晦暗的时刻，他和他的妻子正在经历远没有想象的那么简单的政治生活和国家事务的许多挫败。那段时间，据说总统和第一夫人经常是这样开始一天的，他们一起吃早饭，其间希拉里会挑选《时代》或者《华盛顿邮报》的一篇报道或者专栏，跟他分析里面所有的对待他们的不公平。她敦促总统最好忽略这些事情，集中精力处理国内事务。

她说，这或许是他们最为美好的岁月。

迈向孤立之途

You can check out anytime you like, but you can never leave.
你随时可以结账，但却永远无法离开。

——Eagles: *Hotel California*

保持与欧陆关系的暧昧不明是英国几个世纪以来历史习得的一项重要传统。这项传统深植于一种旧时代的帝国信仰，即英国的安全、利益和外交应该展现出一种普世意义的全球关怀，而非仅仅维系于欧洲。帝国的野心与信心愈发丰满，这种刻意的疏远便会更加明显。

作为自由精神的源生地，英国长时间以来对于任何具有束缚性触感的契约带有一种本能的提防。为了避免深陷欧陆中心地带几个世纪以来纷杂细碎的权势缠斗，英国总是在彻底孤立与离岸平衡之间小心摇摆，除了几次不得不参与的体系性大战，从未多踏出过任何一步。

即便是在“二战”结束的第二年，当丘吉尔以毕生名望在苏黎世发表演说呼吁建立欧罗巴共和国时，他在力劝法德之间建立互信，凝聚各国向他设想的新欧洲迈进的同时，仍然极有保留地宣称，英国、英联邦不过是同美国、苏联一道，成为这项计划的“支持者和赞助者”。用他自己的话说，“我们与欧洲在一起，但并非其中一员”。

这项传统因以继续沿袭。1957 年，在煤钢联营已经迈出了聚合的脚步之后，英国拒绝加入欧洲经济共同体，并且将《罗马条约》的谈判斥为无足轻重。这以后不久，当哈罗德 · 麦克米伦担心英国可能正在错失一个重大的经济增长机会而改变主意时，他的申请却被法国总统戴高乐否决。1973 年，爱德华·希思最终成功通过谈判使英国加入欧共体，却有许多人将之视为英国孤立主义传统的失败，而非欧洲一体化的胜利，这一理念的回潮与纠结直接导致希思在选举中下台。

1974 年，哈罗德 · 威尔逊第二次当选英国首相，按照竞选阶段的承诺，他开创性地将国民对于英国与欧洲距离的争辩定量化，决意举行历史上第一次全民公投。这次公投稳住了工党在竞选阶段极其微弱的胜选优势，也稳住了英国在后四分之一个世纪跟随欧洲聚合脚步的基本态度，是明智之举。40年后，戴维·卡梅伦面对经济下滑、移民问题滋生的不利局面决定效仿先贤，遗憾的是，这一次他不仅没有保住自己的位置，而且根本性地改变了英国的前行路向，放飞了这个复杂时代的第一只黑天鹅。

在威尔逊那次公投的前夕，作为英国思辨精神的圣地，牛津大学充满了沸腾的年轻梦想，有关英国外交和安全的政策辩论遍布街头巷尾。在压倒性的男性荷尔蒙氛围里，一名来自圣休斯女院的姑娘被这种政治关怀深深感染，她就是特雷莎·梅。比她低一年级的好朋友柯林森记得，在一次早饭时，梅和她提及了自己希望能够成为大英帝国的首相。

现在她做到了。她在脱欧派与留欧派声嘶力竭的互斥中走上前台，她被先验地安排好了所有任务，没有退路，没有曲线，没有中间选项，她将务必带领英国退出欧盟、退出关税同盟、退出单一市场，这是大英帝国的选民做出的历史承诺。这项承诺决意把英国从欧洲繁复的制度体系中撕扯出来，重新回到充满英式自治的自然状态。事实上，这与联合国赐予诞生的任何一个新国家没有什么不同，未来的一段极为紧凑的时间里，她的政府将务必完成与这个世界，特别是与欧盟关系的重新约定，在各个层面推进大量的谈判，签下无数的法律文本。一旦无法按时完成，英国将以“断崖式退欧”的方式与这个世界尴尬地相连。

19 世纪的最后几年，大英帝国面对德奥意三国同盟和法俄亲近面色冷然、丝毫不屑，彼时它竞逐权势的目光凝望着非洲、远东和美国。在彼岸的喧嚣声中，它们给自己起了一个极为高冷的名字——“光荣独立”。2016 年 6 月 13 日的脱欧运动发生时，大英帝国早已没有当年的那种宏大吞吐。所有人都知道这同为一场独立运动，但是却没有人再敢在前面随意加上“光荣”两个字。

无人负责的民主试验

脱欧成功后的宿醉时分，深度绝望的知识精英颤抖着双手为卡梅伦刻好了墓志铭，“Here buried a prime minister, who ruined the Great Britain”（这里长眠着一位英国首相，他毁掉了英国）。

得到历史如此的盖棺论定是卡梅伦的福分，不是所有人都有这样的机运。作为这场宏大民主试验的肇始者，卡梅伦清楚记得这一切的始终，那是他的高明计划。金融危机以来，欧元地位受到极大撼动，经济发展受到巨大影响，与日俱增的移民问题极大挑战了英国国民的本土意识，英国深感受到欧洲拖累的风险或许将大于其收益。与此同时，欧盟为了应对危机，加速了一体化的努力，试图建立统一的财政政策，甚至政治上也要进一步一体化，这是英国所无法容忍的。民族主义和排外主义的情绪不断滋生，面对工党老冤家米利班德对经济和安全问题的拷问和独立党领袖法拉奇疯狂的民粹主义挑衅，保守党腹背受敌、每况愈下，对 2015 年大选毫无胜算，卡梅伦急需一条奇计，背水一战。

2013 年 1 月 23 日，卡梅伦发声了，他决定顺应时下对于欧洲问题的争吵，举办英国历史上第二次脱欧公投。在他看来，这是一个一石多鸟的全策：对欧盟而言，身处多事之秋的欧洲绝对无法脱离英国的支撑，一次看似被迫的公投将使得布鲁塞尔、柏林和巴黎正视自己的姿态，对英国的诉求妥协。对保守党而言，这样具有政治魄力的举动是信心和勇气的表征，与那些只会叫嚣的极右势力不同，保守党是敢于担负民意的。对卡梅伦自身而言，这将使得著名的留欧派米利班德有劲儿使不出，被迫赞同保守党的留欧主张，同时又客观上起到孤立和贬低法拉奇的效果，帮助他取得 2015 年的连任。

事实证明，卡梅伦的计划是成功的。他小心地按照自己制定的路线图操盘，一方面做出宽容而毫不避讳的政治姿态，另一方面竭力警告全体国民退欧将带来的巨大风险。欧盟随即减少了对外来移民的福利补助，不到一个月的时间，保守党的民意支持率就上升了 5 个百分点，而工党最终在 2015 年的大选中惨败，米利班德直接被迫辞职。至此，卡梅伦在这场英国政治的角力中完胜，一如其在牛津辩论社期间获得的无数胜利一样，卡梅伦爱抚着自己设定的民主试验，来到了人生的制高点。

繁华转眼凋零，工于心计常常是短命的别名。身承胜选后巨大的民意合法性，面对不断出现的移民问题产生的恐怖事件，卡梅伦试图快刀斩乱麻，赶紧匆匆了结自己开出的公投支票。然而事实证明，卡梅伦是一个好的战术大师，但他绝对不是一名合格的战略擘画者。他，甚至连同全世界民主国家的政治精英们都没有能够注意到几十年来全球化、民主化、精英化的传统政治风貌下隐藏的不公和民粹的愤怒。当伦敦以外的乡村地带选票以近乎报复的姿态逐渐呈现出一边倒的局面的时候，大家方才明白，英国不过是不小心触动了那个开关，卡梅伦不幸成为历史关键节点的剪彩者。

激情过后，没有人敢于回望刚刚过去的这个白天发生了什么。很快，在 Google 热搜中，出现了“欧盟是什么”的词条。在英国国会的网站上，最靠前的三个请愿书都是关于脱欧问题的，第一个要求二次公投，第二个要求政府立即启动脱欧程序，第三个则请求国会不要启动脱欧程序。各种观点针锋相对，国民在混乱中度过惶惶不安的数日，大家通过看新闻、搜评论，大概明白发生了什么，帝国的幅员需要再次勾勒，国家利益需要重新界定，英镑的意义会在暴风骤雨的冲击中被重新评估，精英与大众在彼此的怒视中相背而行，老年和青年正在为下一个英国的风貌争吵，民主、民族性、价值观、家庭伦理这些概念注定会历经一次涅槃。

卡梅伦承担了政治责任，选择了辞职。他做出这一选择的核心理据在于他个人是主张留欧的，但英国 52% 的投票者选择的是脱欧。因此，出于某种意义上的政治操守和行为洁癖，他认为自己将无法代表英国启动脱欧程序。在他的辞职演讲结束之后，或许由于心情太好，或许由于需要刻意掩饰，从演讲台到唐宁街 10 号门口的不到 5 米的小路上，卡梅伦竟然哼起了轻松的歌曲。

卡梅伦逃避了历史责任。在辞职演讲的最后阶段，他两次强调英国人民的选择必须被尊重。然而他错了，英国作为现代民主的重要源生地，其立国之本是代议制民主而非直接民主，这种政治结构贴切于英国的人口规模和国情，历经了几个世纪以来多次战事的考验，是极为成熟的政治运筹模式。卡梅伦为了满足阶段性的执政党利益和个人利益，竟然丢弃了代议制民主的宝贵传统，允诺以公投的方式决定国家的战略走向，造成了极其严重的、无法挽回的后果。试管已经炸裂，试剂四处流溢，警报器响起，这场民主试验的操盘者匆忙逃离了实验室。

如同鱼贯登场的小丑，竞争取代卡梅伦的人一个接一个地现身。鲍里斯·约翰逊，产地牛津，公投日的当天下午他轻松地打着板球，安静得仿佛自己从未为脱欧声嘶力竭过一样，历史的转折点不过是又一场牛津辩论社的比赛。迈克尔·戈夫，产地牛津，政治上的反社会分子，其宣言读起来永远像一篇逼仄拗口的本科生论文，其行为的一切根源不是帝国的伟大理想，而是偎依在政治怀抱里的中产温馨感。安德里亚·利德索姆，三个孩子的母亲，奉撒切尔夫人为圭臬，却注定无法领导保守党赢得大选的强硬右派，一如缔造了史诗般民意支持率但却同样不可能领导工党赢得大选的极左派杰里米·科尔宾。而这些政客的算盘全部打错的根本原因在于，此刻的英国已经慌乱，对于公投结果的深刻反思和懊悔已然转换为应激性的行动力，人们开始疯狂打听候选人的政治立场，了解接下来即将面对的政治议程，然后去注册保守党选民并填写选票。

正如20世纪60年代保守党殖民地事务大臣伊恩·麦克劳德指出的："保守党是一个非常宽厚的政党。它总是宽恕那些犯错的人。有时，它甚至宽恕那些做对了的人。”不幸中的万幸由是出现，进退的两派力量在这场民族路向的撕扯中气力用尽、两败俱伤，谁都无法累积足够的合法性带领整个帝国前行，谁也不愿承担责任，甚至也干脆不知道应该往哪儿走，在内政大臣的位置上蛰伏了 6 年之后，隐藏的留欧派——特雷莎 · 梅的身影从这个被誉为内阁坟场的位置上凸显出来。

牛津制造的远大抱负

特雷莎 · 梅出生于英国萨塞克斯郡伊斯特本市的一个天主教社区牧师家庭，她懵懂的政治意识也正是在这样的环境下被塑造起来的。她曾经和传记作者讲起，记得自己从小就注视着那些祈求命途垂怜的人们从房门出出入入，面向她的父亲，倾诉着不同的故事。到了晚上，一家人经常会和来访的陌生人共同坐在餐桌前，吃着东西谈论时事，在特雷莎·梅看来，“那是一种滋生政治意识的自然环境，父亲不会谈及自身，重点永远是别人，我时常感到心中的利他主义情结被极大地唤醒”。天主教信仰伴随着她整个一生，即便在最为忙碌的时候，她仍然会找时间参加教会活动，在她看来，政治存在一种先验性的神启，是与倾听、分忧、解难等高贵的德行永远伴随的，“政治是一种召唤、一段旅程，而非一项工作”。她曾多次表示，这种信仰深刻构成了自己成为自己的一部分，并且将永远引导着她接触任何事物的方式。

一如英国政坛的大部分精英，特雷莎·梅的大学生活在牛津度过，她在当时唯一的女院圣休斯学院主修地理学。在回忆这一段生活时，特雷莎·梅曾经提及，与其他女孩子相比，她在应有的年龄下显得个子有些过高了，她对于这一点极为敏感，甚至有些自卑，所以总是习惯弯着腰走路。她把所有的与周围环境的不适感转入学习，并逐渐获得一种与高个子较为相称的清高感。

这座校园是所有人政治意识和精英意识成熟的地方，是卡梅伦、约翰逊、戈夫之流的天堂。那些对于未来充满竞逐欲望的年轻心灵都会在这里参加牛津辩论社，醉心于文字间的高级修辞与复杂幽默，当对话有变得激动、无聊或者太专业的苗头时，人们纷纷祭出自己的幽默来打哈哈，肆意地嘲笑那些不明所以的中产蠢材们，在他们看来，演讲术是最为高贵的品格。普通英国学生几乎不学历史（正如退欧辩论中所显示的，无数选民对于欧盟几乎一无所知），而辩论社的未来政客们则不断地抬头仰望威斯敏斯特的议会大厦，而后低下头拼命地大量涉猎英国历史，向卡斯累尔、帕默斯顿和丘吉尔等先贤致敬。每临辩论社选举新的领袖时，他们会踏遍牛津的每一寸土地，拦住任何一名路过的普通学生执意请求："你可以投票给我吗？"

然而这不是特雷莎·梅的校园生活。她也是辩论社的一员，但是彼时的她并不擅长演讲，她缺乏那种流畅表达自己时应有的率性。在一次历史课堂上，老师让大家随便选择一个主题进行一次 2 分钟的即兴演讲，特雷莎 · 梅抽到的题目是“校服”，由于准备的时间不是很充分，她发现自己愣在那里很长时间不知道应该说些什么。她的主要精力放在了埃德蒙 · 伯克协会，她曾经担任这一协会的主席，推动了很多极为艰辛的思辨，这里的人们习惯于自负地认为是该协会对于更深层次的智识追逐为辩论社的疯狂提供了原动力。最终，她还是成为了一名不错的辩手，在一场有关堕胎的辩论中，人们发现她的红色裙子里面仿佛盛满了情感的火焰。她的一名好友认为，她没有在辩论社混出头来完全是因为她不是一名传统的机械式政客，她并不喜欢曲意迎合不同方面的支持，她比较真实，并不是一个分裂的个体。

的确，倾听特雷莎 · 梅的议会辩论，常常会有一种真实的叙述感，而非像很多政客一样已经不由自主养成了一种伪善的政治套话。当反对派提出的质疑引起全场起哄的时候，特雷莎 · 梅会用一只胳膊轻轻倚在发言台，微微侧身等待，静静思考接下来的策略，而后再通过暴风骤雨般的反击还以颜色。其间，她不时会露出狡黠和不屑的面部表情，这显示出她还没有达到一名传统政客应有的圆滑修为。在议会，她也以独有的“梅式怒视”而闻名，在议题争执时她从来不会掩饰对其他部长的不满，一双带着愤怒的眼睛会在整个会场内来回逡巡。对于很多人而言，特雷莎·梅让人尊敬，但绝不让人喜欢，这一点刚好与约翰逊相反。

绝大部分时候，她甚至过于真实，显得有些自我。在她的自传里，对于她一直以来的独立穿着有这样一段精彩的描写：“她很高，总是把自己苗条的身材置于棕色有斑点的毛呢大衣里，下半身总是配上一件铅笔裙，穿着标志性的中跟鞋，在议会开会的时候刚好露出修长双腿的最好部分。”在胜选后的一次《泰晤士报》的采访中，她的一条价值995欧元的皮裤引发了政坛的轩然大波，英国前教育大臣尼基·摩根就曾表示：“我没有什么皮裤。我甚至想不出，除了我的婚礼礼服外，是否买过这么贵的服装。”特雷莎 · 梅的反应也很直接，随后不久，摩根就在一个有关脱欧问题的会议上被“取消邀请”，梅的联席幕僚长希尔给另一名保守党前部长发短信，让他“不要把那个女人（摩根）带进来”。

在特雷莎 · 梅看来，政治正确不是普世的，政治与生活无关。对服装品位的质疑是对于其个体合法性的重要挑战。2014 年接受 BBC 著名节目《荒岛唱片》的采访时，她曾经表示如果自己只能携带一件奢侈品在荒岛上度日，那将一定会是一本 *Vogue* 杂志的终身订阅版。时尚以外，她另一大个人爱好是逛超市下厨房，这是她个人生活的难得享受。她是《主妇厨房》节目的疯狂粉丝，不像迈克尔·戈夫，只知道沉迷于《权力的游戏》。

在校园时代，她的最大收获或许应该是找到了一生的伴侣菲利浦 · 梅，他和约翰逊们一样，都做过辩论社的主席。所以很大意义上，这对夫妇能够毫无障碍地分享很多属于高智商群体的复杂隐喻。

他们都是极其幽默的人，总是能够说出有趣的俏皮话和双关语。当选首相后，特雷莎·梅令人意外地选择了约翰逊作为外交大臣，在议会质询时一名议员激动地提出为什么要选择一个经常被人骂“Fuck Off”的人担任外交大臣，特雷莎·梅一连说了三个“Fine, Fine, Fine”，并顺势而为地替约翰逊解围，说他是有三个“F”（Fuck Off 中恰好有三个“F”）的极好人选。牛津辩论的良好训练与多年的内阁经历已经使得特雷莎·梅掌握了在英国政坛混迹所必需的政治修辞。

然而，伴随着复杂而艰辛的政治生活的逐步展开，特雷莎·梅不得不时常刻意掩饰自己的真实属性。据她所说，她和菲利浦的所有幽默灵感都来自于那个年代最为著名的喜剧 *The Goodies*。这部剧从 1970 年播到 1982 年，在最后的两年里，梅的父母接连死去，他们也相继离开校园开启了真正的政治生活。朋友们逐渐发现，特雷莎·梅开始严肃了起来，她不会再肆意地开玩笑，如果有人讲一个笑话，她会在旁边笑，但她永远不再是那个主动挑逗的人了。在一次美国访问中，她被东道主邀请模仿一个标准的美式动作“你不行”来搞个笑，所有人都知道她做得到，然而她偏偏做出为难的姿态并且只是稍稍应付了一下，在提及此事的时候，很多人都认为她有些过于提防了。

然而，这种防范心理是极其自然的。特雷莎·梅不是一名传统意义上的政客，英国政坛的权力斗争夹杂着阶级出身、立场派系、精英意识等不同层面的复杂因素，加之当今时代复杂的经济与移民问题、与欧盟若即若离的关系，很多尺度的把握需要极其小心，以避免不必要的流言蜚语。特雷莎·梅患有糖尿病，必须每天定时注射胰岛素，这也使得她要非常注意自身的饮食。2013 年，她决定适当减肥，当时便立即有很多流言传出，认为她是在为取代卡梅伦的位置作形象准备。梅对于这种说法怒不可遏，斥责他们是“马基雅维利式”的阴谋。话虽如此，然而事实上，特雷莎·梅对于政治生活的确一向是严肃而认真的。她的一名朋友弗兰克兰德曾经告诉BBC，他很难想起任何一个时候，特雷莎·梅不是充满政治抱负的样子。她非常笃定并且总是十分刻苦，为之努力，她永远在做她认为是正确的事情，总是会在大家都喝醉的时候继续工作。他依稀记得当玛格丽特·撒切尔夫人当上首相的时候，她甚至表现得有些愤怒，在她看来，这个女人先于她达到了目的。

为了实现自己的远大抱负，特雷莎·梅多年来兢兢业业，小心积蓄自己的政治能力和政治名望。在其所负责的内政部，需要应对包括“毒品、洗钱、诈骗、金融犯罪、知识产权、移民、网络犯罪等在内的有组织犯罪行为带来的威胁”，个个都是深入选民生活的敏感议题，一旦处理不当就很容易毁掉自己的政治前途。在特雷莎·梅以前，这个位置从来没有人任职时间超过3年，而她一坐就是6年，并成为近50年来在任时间最长的部长。她掌控这一位置的办法其实也很简单，就是强硬、强硬，再强硬，最大限度地保障本国公民的权益。

在刚刚担任内政大臣之时，美国曾经发来通缉令要求引渡一名叫加里·麦金农的男子，他涉嫌入侵了美国军方和国家航空航天局共97台电脑。在特雷莎·梅看来，美国没有拿出足够有信服力的合理根据，同时麦金农患有阿斯波哥尔综合征，不善交际，极其内向，如果将他引渡至美国，他很有可能自杀。英国法院已经明确表示，如果由他们来决定的话，他们不会阻止美国引渡麦金农，特雷莎·梅在最后一刻阻止了这一切的发生，拒绝了盟友的要求，这给初涉政坛的她带来极大的加分。

多年以来，英国签证的办理总是备受诟病，与申根国家签证的手续相比，英国签证的流程更烦琐、费用更高且耗时更长。教育大臣亨特曾经对此进行过计算，“一个来自中国的四口之家，如果把伦敦增加为欧洲之旅的最后一站，签证费和机场税总共需要花费576英镑，事实上，大多数中国人会希望整个度假之旅只花这么多费用，而把钱省下来进行购物”。然而这些经贸上的恩惠在特雷莎·梅眼里不值一顾，一项能够使中国游客同时申请申根国家签证和英国签证的“平行流程”多次被内政部否决。

在移民问题上，特雷莎·梅早在任职之初就确立了自己的三个基本原则：“到这儿来的人必须拥有真正的亲属关系，必须自己支付路费，必须能够融入英国社会。”在她看来，那170万从叙利亚战争中逃离出来的难民正在祈求帮助，是的，没错，但是这种帮助更应该被施与那些仍然困在约旦、黎巴嫩和土耳其难民营里的人，而不是这些有能力逃出来的人。她坚持英国接纳的难民每年不能超过5000人，并强烈抨击默克尔在德国的慈善行为。为了能够最大限度减少移民，那些从印度、中国和中东来的留学生成了她的目标，她提出了工作签证的申请者年薪必须达到至少20500英镑的标准门槛，这使得高校入学的印度留学生减少了将近50%。近期，她多次重申将净移民数量削减三分之二以上，从每年逾32万人降至不足10万人。而这个目标在实践中意味着：即便完全禁止欧盟国家公民移民英国，也得同时将印度、中国、美国以及澳大利亚等国家的移民数量削减一半，而这一点就连最强硬的欧洲怀疑论者也从来没有这么要求过。

在公投问题上，特雷莎·梅总是表现出一种不甚明显的留欧倾向，但是在移民问题上，她的强硬立场是贯穿始终的。她的著名格言之一就是“不要让那些混蛋（滋事移民）折磨你”，恰恰是这样的姿态赢得了选民的信任。在整场脱欧运动中，她几乎全程隐匿在角落，某种意义上，她甚至过于无视这项革命性的运动了，她曾多次表示英国是世界上的第五大经济强国，脱欧还是留欧都不会对英国造成实质性的影响。她不温不火的态度受到了很多批评，一名支持留欧的部长曾经指责道：“特雷莎总是在一旁隐匿，并高贵地希望着这一切结束时不会有任何一滴血液溅到她身上。”对于这一点，特雷莎·梅从未否认，在就职典礼演讲结束后，有记者问她是否也能够感觉到自己同德国总理默克尔一样让人乏味，她坦诚地回答道：“我知道我不是一个长于展示自己的政客，我不去参加那些电视节目，不和大家在午饭时聊八卦，不去议会的吧台喝酒。是的，我很少把自己的心放在外面让人们看到，我只是去做好目前在我眼前的事。”

某种意义上，这是特雷莎·梅与约翰逊之流之间最为重要的区别，这种区别使得选民在惊慌失措时倾向于对她产生一种先天的信任和踏实。脱欧目标实现的当日，约翰逊轻描淡写地告诉选民们，移民终究还将继续，仿佛这与他曾经声嘶力竭捍卫的脱欧立场毫无关系一般。这是辩论社的伟大传统之一，技巧本身才是目的，政策结论根本无人关心，波兰人、孟加拉人是不是住在伦敦以外的土气城镇，对他们来说根本无所谓。这些辩论精英们从一开始到最后都没有一个将脱欧付诸实施的计划，在他们看来这是一个乏味的治理问题，最好留给埋头苦干的公务员。在退欧公投后，他们可以继续忙着去竞选保守党领导人，竞选本身比承担责任有趣味得多。

越是到后来，人们越是看出，特雷莎·梅的态度是格外认真的，她严肃地批评约翰逊之流，“政府不是一场游戏，而是对人民生活产生真正影响的严肃的事”。

在评述这次运动时，《卫报》总结道：“对一个急于洗刷自身精英风貌、学院派色彩和可笑的名望意识的政党而言，特雷莎·梅呈现出一种政治家的不同风貌，她好比一名管理着淘气男孩子们的女校长，即便面对很多诘难她也未曾动摇。她从不会在肮脏不堪的商业交易和污秽遍地的政治陷阱中弄脏自己的双手，她总是会派出自己的团队，以最简洁的方式对抗她的对手们。”

一生一次的历史机运

现在特雷莎·梅取得了这场政治缠斗的胜利，她在选民们慌张而惊恐的眼神中被拥戴到前台，当前是一个全新而陌生的时代，从未有过的不确定性，从未有过的使命承载。相比之下，苏伊士运河危机和马尔维纳斯群岛战争都不过是“二战”以来极不起眼的小波澜。很多时候，身处关键的历史节点，却永远说不好是自己选择了机运，还是机运选择了自己。

特雷莎·梅深深知道此刻走向唐宁街10号是怎样的含义。59岁出任首相在英国政坛已属高龄，有时站在议会的演讲台放眼望去，那些自诩年富力强、出类拔萃的校园精英仍然稚气未脱，满目皆是向上竞逐的欲望。如果不是这次将永远改写历史的公投，如果不是卡梅伦“玩脱了”的民主试验，或许特雷莎·梅唯一能做的就是再在内政部的位置上多坐几年，把这项纪录延长下去，而后永远地放下自己年轻时曾经拥有的远大抱负。对于约翰逊而言，他的政治道路过于顺利，这场脱欧运动已经为他累积了足够的能量，将来有的是时间把这份政治资本变现，他可以等下去，等到一切事情好转再说。对于特雷莎·梅而言，机运只有一次，没有选择。

所有人都明白，退欧谈判是一场无尽之途，未来几年的英国领导人很有可能是自丘吉尔以来最为不幸的角色，他将注定在欧盟与国内反对派之间腹背受敌，深受委屈却无处发泄。最终，特雷莎·梅穿着 Vivian Westwood 的豹纹高跟鞋果断地踏上了玻璃悬崖。如果说卡梅伦的政治遗产是开启了一场史诗般的民主试验，那么她将做的就是耐心地等待试管内的化学反应，宣布一个个令人震惊的试验结果，而后拿起扫把，清扫这个乌烟瘴气的民主实验室。

特雷莎·梅迅速组建了新内阁，尽管她坚定地保留了脱欧承诺，然而最终内阁里支持留欧的占到 18 人，支持脱欧的仅有 7 人，特别是在与脱欧谈判相关的重要位子上，她有意安排了这次脱欧运动的各位领袖。其含义很明了，一方面，利用他们在竞选中所呼吁的，最大限度地物尽其用、发挥特长；另一方面，将来如果有任何事情做得太过而无法收场，约翰逊们将继续背负由其自身引发的诘难。不要光说不练，大家绑在一条船上，在脱欧这项革命性的历史选择中，谁也别想轻易地逃掉责任。

这以后，特雷莎·梅开始直面议题。

首先，从“脱欧”的程序上来看，尽管《里斯本条约》第50条[①]的设立是为了确定一国如果要退出欧盟后即将会发生什么，但这远非一份完整的婚前协议。它根本没有说清楚一国可以或者应该以怎样的条件和方式退出欧盟，由于从来没有被尝试，所以一切单凭想象。目前的条款只是简单规定了程序，一旦第50条被触发，它将获得两年的谈判期，如果在该期限或者获准延期的期限内没有达成协议，该国即将自动退出，最多会根据世界贸易组织的规定获得与其他任何国家一样的普通待遇。如此模糊的

① 《里斯本条约》是在原《欧盟宪法条约》的基础上修改而成，又被称为“简化版欧盟宪法条约”，该条约于2007年10月19日在里斯本签署。其中第50条是该条约的“退出”条款，规定“任何成员国可以根据本身的制宪要求，决定退出联盟”，并制定了具体实施程序。这是欧盟以往所有条约中未曾有过的规定。

规则造成了意想不到的后果。它让脱欧支持者得以向选民提供明显不切实际的希望，激烈地表达目前的诉求是重要的，至于如何以一种合理的方式达成这样的诉求，可以在启动程序后用较长的时间自由洽谈。事实上，脱欧派们就是这样做的，他们几乎是扯着选民的衣服跳下悬崖，在自由落体运动中告诉大家我们需要在着陆前制造好自己的降落伞。

同时，这一规则为英国和其他欧盟成员国制造出一种长期不确定性，原则上，为了稳定目前的混乱局面，英国可以等上一年或更长时间才触发第 50 条，但正如特雷莎 · 梅多次强调的，“脱欧就是脱欧（Brexit Means Brexit）”，没什么可犹豫的，再拖下去，移民问题只会愈来愈糟，欧盟内部只会对新英国愈发不耐烦，在保守党大会上，她明确提出，将在 2017 年 3 月底之前触发脱欧条款。而正如欧洲改革中心的查尔斯 · 格兰特所指出的，其所引发的必然是一系列漫长而看不到尽头的谈判，这至少将包括：与欧盟最终的贸易协定，在英国退出欧盟后、长期协定签署前临时发挥作用的过渡性协定，重新以独立成员身份加入世界贸易组织，与现在和欧盟签有协议的约 50 个国家谈判新的安排（应该还要与美国、中国等国谈判新安排），最后是英国与欧盟在外交与国防政策、警察和司法合作以及反恐方面的关系。几乎注定，这是一场无尽之途，两年的时间绝对不够用，最多只能达成过渡期的妥协安排，然而特雷莎·梅已经为这一切做好准备，在达沃斯论坛前的公开讲话中，她坚定地传递了自己对于可能面对的来自欧盟的重重羁绊的考虑，“英国将竭力寻求避免破坏性的断崖式退欧……英国希望在两年的过渡期结束前与欧盟达成合作协议，寻求与欧盟单一市场联结的最合适道路”。最后的补充极为关键，英国没有什么可畏惧的，“达不成协议好过达成不好的协议”。

其次，从“脱欧”的内容上来看，她开始在欧洲法院、关税同盟和单一市场这三条门槛线之间小心试探。这场退欧运动的最初动因是移民问题，其所对应的是保留英国的边境控制权，摆脱欧盟法院的控制是必需的。同时，关税同盟或单一市场的成员都将使得英国失去经贸领域的立法自主权，无法实施自己的贸易政策，接受单一市场相关的所有监管规定。最为关键的，这意味着必须继续支持劳动力的自由流动，甚至需要出钱分担预算。在种种相互间的方案冲突中，特雷莎·梅试图寻找到一条能够在与欧盟的谈判中切实可行，又为国内的各派所勉强接受的折中方案，可能的模式无非下列几种：

一是“挪威式安排”，英国争取加入目前由欧盟成员国以及挪威、冰岛和列支敦士登组成的欧洲经济区，保留全面进入欧洲单一市场。然而经贸方面的法规监管和人员的自由流动仍然挑战到了特雷莎·梅设定的红线。

二是“摩尔多瓦式安排”，这意味着退出欧洲单一市场，同时也彻底隔绝移民，也即所谓的“硬脱欧”。企业界将这个方案视为梦魇，仅仅依靠世界贸易组织规则进入欧盟市场，英国将不会获得任何优待。

三是“瑞士式安排”，这意味着在全面完成脱欧后，英国将竭力与欧盟达成多项双边协议，以便多个不同行业能自由进入欧洲单一市场。这是一项分散而且极为繁重的谈判任务，人们普遍认为欧盟不会无缘由地轻易让步。

国内各方面的意见也非常清晰，英国工商业联合会起草的写给梅女士的信中明确说明，“无论如何都应将所有不维持与欧洲共同市场特殊联系的退欧方式排除在外”，英国最终应当至少达成一项涵盖商品，或许还包括部分服务的自由贸易安排，更多的人希望还能达成自由旅行安排。工党领袖科尔宾先是在较早的一次采访中公开暗示，除非特雷莎·梅采纳了他的退欧底线，否则工党将投反对票。对工党而言，这条底线指的是包括全面保持单一市场准入和保护工人权利。而了解保守党强硬立场的财政大臣菲利普·哈蒙德主张，英国应该寻求保留至少一部分关税联盟身份，目的是让商品贸易继续不受边境检查和关税的影响。

在特雷莎·梅看来，英国的红线是国家控制边境以及终结欧洲法院的司法管辖权。在保守党大会之后，她的态度变得逐渐明晰且日益坚定，她明确提出，“如果你认为自己是世界公民的话，那你就不属于任何国家”，她没有兴趣“保留一些欧盟成员国身份”。在达沃斯论坛前的公开讲话中，她进一步明确了“硬退欧”的路线图，她说英国不会“半退半不退”，不寻求其他国家已采纳的模式，退欧中必须得有妥协，她希望“英国与欧盟达成一个大胆且雄心勃勃的自由贸易协定”，并希望保留关税联盟部分成员国身份，继续实施零关税，为企业在退欧谈判中尽可能提供确定性，并安排一个实施阶段以避免退欧跌落悬崖。

问题在于，欧盟方面未必会配合。公投后第一时间，我们很难从各国领导人的表态中听出丝毫同情，特别是长时间以来对于英国在共同安全问题上设置的重重障碍早已厌倦不堪的布鲁塞尔，几乎摆出一副“敦促英国快点儿履行完这场闹剧，带着你们自认为高贵的不满赶紧离开这里”的姿态。相对而言，默克尔的表态还较有人情味，“欧盟应该给梅时间想清楚她想要什么，并勾勒出她如何看待英国与欧盟的未来关系，这是完全可以理解的”，“拥有一个良好的谈判过程，开展一场明智而具建设性的谈判，符合我们所有人的利益”。然而即便如此，默克尔也多次强调，在《里斯本条约》第50条触发前，不会与英国进行任何“正式或非正式”的谈判，她同时表明，这份耐心是有限的，让英国在欧盟的身份悬而不决并非英国公民或欧洲成员国想要的局面。而在英国“硬脱欧”的消息传出后，默克尔明确表示，如果梅坚持结束欧盟公民自由进入英国的安排，她将不会允许英国“选择性地”进入欧洲单一市场。

不断爆出的八卦新闻进一步体现了欧盟与英国的严重分歧。先是有消息称这份极其复杂的谈判将有可能以法语作为官方语言进行，人们很难理解为什么会有这样的安排，最多只能解释为欧盟在这一次公投中的自尊受到了巨大的伤害，必须要寻找某种途径来将心里的落差赎回，就好像是在说“你们不喜欢我们？很好，我们也从来没喜欢过你们”。而后，通过调取资料，媒体逐渐发现特雷莎·梅与默克尔竟然没有任何私交，这一点在12月的一场峰会部分得到了证明，视频显示，特雷莎·梅遭遇到了极大的冷遇，在其他成员国领袖相互寒暄时，无人上前理会这位刚刚当选的英国首相。而当欧盟委员会主席容克被问及跟梅相处得如何时，他也只是颇为不屑地回复了一句“啐”。

不可赎回的无尽之途

达沃斯论坛公开讲话后，欧洲单一市场的最后希望被彻底堵死，“硬退欧”梦魇成真。然而，这次会议确立了一个新的英国国家命题——全球主义。英国重新回到了丘吉尔式的暧昧不明的表态中去，英国“不希望欧盟解体，欧盟的成功符合英国利益”。也即，“我离开了，但你们一定要幸福，这样我才会幸福”。与过往的历史教义一样，英国重新投入了世界怀抱，“英国将成为比之前更加外向型的国家，希望英国成为伟大的全球贸易国家，吸引国际人才的磁石”。

早在公投刚刚结束之时，英国贸易大臣利亚姆·福克斯就提出过重回几个世纪之前向全世界展现竞逐野心的英国旧像，“做全球自由贸易和经济自由主义的捍卫者——一个放大版本的新加坡”。这一点在英国近期的外交中已然有所体现，特雷莎·梅先是为中国的项目投资放行，而后亲自拜访了英国重要的人才来源地印度，甚至重新介入了亚洲防务，在巴林重建了一处海军支援设施，在阿曼保持了一支常驻陆军部队，在迪拜和新加坡设立了新的国防参谋中心，并与日本军机举行了联合训练。在英国国际战略研究所亚洲分所执行主任赫胥黎看来，“这反映出目前执政的保守党希望以全球视野，而非欧洲视野来思考本国的防务角色”。

然而问题在于，欧盟市场占到英国出口的近一半，这种戛然中止的损耗是巨大的，英国的贸易谈判代表们根本无法在短时间内从全球其他地区获得同样体量的补偿性协议。事实上，在英国与欧盟敲定协议之前，其他地区很有可能不会把英国视作可信的谈判伙伴，这样将导致的局面就是，到 2019 年 3 月，英国可能发现自己享受不到任何一个市场的特惠准入待遇，这将是英国经济自战后以来从未有过的灾难。

同时，经济全球主义实际上并不是在这场退欧运动中，那些抱有强烈本土主义和排外主义的人们所支持的理念。选民支持的是经济民族主义，而一部分与特雷莎·梅本人的政治直觉是合拍的，比如她一贯谴责薪酬过高的企业老板，呼吁工人代表加入公司董事会，对战略经济领域的外国投资施加更严厉控制，让大企业承担更为广泛的责任，并注重政府在塑造经济格局中的角色。除此之外，对于英国重新将力量投放到中东和远东，这些支持脱欧的选民会陷入质疑，所有人都知道，这已经不是旧日的帝国。

历史有一种动能，一旦事情开始沿着某一个方向发生，便一定会延伸下去，直至前行的能量耗尽。比如战争，一旦国际主体间的利益龃龉转化为实实在在的物质性摩擦，我们大体可以期待在可预知的未来，如果特定的国际机制没有能够化解这些潜在的矛盾积怨，它们注定会转化为大干一场的战争动能，直至精力耗尽。

欧洲的离散也是如此。不管聚合起来如何艰难，只要迈出第一步，其带来的折冲是根基性的，伤痛是永恒的，注定无法挽回。英国脱欧放飞了一个全新而陌生时代里的第一只黑天鹅，一连串的民主国家出现了阶级分化和民粹造反，在持续了半年之久的喧嚣声中，朴瑾惠在顽抗中被弹劾，特朗普走上山巅之城，欧盟的两大支柱法国和德国都在极右势力的虎视眈眈下战栗。卡梅伦如果知道自己的民主试验会导致这样的后果，一定不会在 2013 年的时候过早夸下海口。特雷莎·梅从来就没有选择的余地，她只能不断摆出强硬的姿态，冲在这条陌生道路的最前面，勇敢地面对这个世界带给我们的极大幻象和永恒未知。

这注定是一场无尽之途，大英帝国又一次由于畏惧彼岸的荒蛮选择了独立，以敏感的嗅觉第一个撕扯掉半个多世纪以来全球化和区域化的虚假幻象，同时奉上的还有代议制民主的优良传统和整个欧洲几代人的共同努力，即便有任何不测，历史将永远不会允许他们将这一切赎回。

德国命题的重现

The rhythm is slower and from the music of the joyous hymn
about love which could be the salvation of Europe and of the world,
it becomes serious, announces something dark, dangerous.
旋律缓和了下来。
在愉悦的颂歌里，爱成为欧洲和世界的救赎。
它更其严肃，昭示着前方的灰暗和危险。

——Krzystof Kieslowski: *Blue*

拿破仑战争以后，整整一个多世纪的时间里，德国纠结于成为一个欧洲的德国还是世界的德国，俾斯麦、威廉二世、希特勒、阿登纳用几代人的时间探寻这一命题的终极答案，并以数次旷日持久的战争为之献祭。

那以后许久，这一命题不复存在，因为德国本身就不复存在。东西德统一的那一天，民主德国的一名叫安格拉·默克尔的女性没有第一时间随着人流涌向闪烁着西方世界光芒的库达姆大街，她安静地洗了蒸汽浴，不知不觉间走进西柏林的一户民居，她看到屋里有酒，还有一部电话。而后她默默回了家。

那是伟大的一天。对于默克尔而言，她长达35年在灰色布景下的生活结束了，理性为自由所进一步释放，一种新生在向她发出召唤。对于德国而言，伴随着欧洲聚合的脚步，那项古老的国家命题开始重新酝酿。

2015 年的最后一夜，科隆。成千上万德国人站在铁路站台上欢迎难民的日子永远不会再出现。那一晚，数十名年轻妇女遭到阿拉伯和北非模样男子团伙的性侵和抢劫。在反对派的咒骂声中，一向以保守、节制著称的德国选民放下手中的工作，抬起头来凝望默克尔。

那是她的第三个任期。事实上，从第二个任期开始，希腊极端主义分子已经寄来了炸弹包裹，法国和意大利已然对德国的财政紧缩政策怨声载道，部分绝望的英国人把退欧的原因归咎于默克尔，布鲁塞尔不断责难在这位总理的治下，欧盟委员会被晒到了一旁。最终，难民问题成为这一切的高潮，一向稳定的国内政治基础开始分崩离析。大选前的最后一年，默克尔领导的基督教民主联盟在最先出现的 5 场地方选举中全部失利，前欧洲议会议长马丁 · 舒尔茨宣布参选后开盘就领先 14% 的民调，并在随后不久全票当选社民党党主席，默克尔的支持率在很长时间内远远低于过去三次竞选时的同期水平。环顾四周，特朗普在大洋彼岸肆意拒斥传统价值和全球主义，荷兰、法国正在尽力应对极右翼势力的疯狂挑战，意大利的五星运动党几乎注定在未来的12个月内掌权，英国脱欧引发的离散情结正在苏格兰、北爱尔兰等地持续发酵，这场自煤钢联营以来启动了半个世纪之久的聚合运动正在垂死挣扎。

这是一个默克尔不熟悉的世界，这也是一个她所不熟悉的欧洲和德国。然而与以往所有的噩梦所不同的是，德国目前的孤独状态，并不是由于它自身行为的不端所导致的，而是周遭的世界正在快速变化，而这一次，德国成了落伍者。当人们将目光普遍转向默克尔，并视之为民主世界最后的护卫者时，这位当代最富有传统政治意象的国务家隐隐地感觉到，这个国家的帝国责任正在蔓延，那个熟悉的追问正在以另一种方式重现。

——是成为欧洲的德国，还是世界的德国？！

审慎的沉默教会[①]

人们始终不明白，2015 年的夏天，默克尔怎么就突然做出了接纳难民的决定。7 月份的时候缠绕她的明明还是第三轮希腊债务谈判和乌克兰危机，在罗斯托克见到巴勒斯坦小姑娘里姆·萨维尔时[①]，她的回应还是标准的默克尔式的审慎，“我们不能干脆

---

① 默克尔的政策制定团队女性比例较高，特别是由默克尔、鲍曼和克里斯琴森组成的“玫瑰金三角”具有高度的结构稳定性，整个团队分享着几乎完全相同的性格特质，在这个封闭而沉默的小圈子里，一条条政策甚至可以绕开外交部直接传达到布鲁塞尔和纽约。用默克尔自传中的评述，“她们的关系像硬木头一样，极其缓慢地生长，一年又一年”。

① 默克尔曾经在第三次希腊债务纾困谈判刚刚结束的几天后，在罗斯托克会晤当地的中学生。在摄像机镜头前，14 岁的巴勒斯坦女孩里姆 · 萨维尔表示她很害怕，如果家人的庇护申请被驳回，她就会被遣返黎巴嫩的难民营，她用流利的德语对默克尔说：“只要我还不知道自己能不能留下来，我就不知道自己的将来会怎么样。我想上大学，我真的想实现这个目标。”这一请求遭到了默克尔的正面拒绝。

地说，你们都可以来，非洲的所有人也可以来，我们应付不了这么多人”。人们一度以为德国会同“维谢格拉德集团”[②]做出一样的裁定，让这些2000公里以外跋涉而来的难民沿着东欧的地理版图继续绕行去碰运气。全世界的媒体都记得，那位巴勒斯坦小姑娘泣不成声。

这是人们熟悉的那个默克尔，她的思想里没有无缘故的感性、同情滥觞的空间。在希腊债务危机的早期，这样的默克尔敢于冒着让希腊窒息的危险，坚持只有取得改革的成效才肯放款，甚至连2/3的德国国民都认为她所固守的财政节约方案太过严苛，而默克尔就是不慌不乱地亲自研究希腊烂到根的养老金制度，一条一条拿出来和希腊总理亚历克西斯·齐普拉斯讨论。这样的默克尔敢于在是否参加利比亚战争的议题中抛下盟友投出弃权票，整个

② 指代捷克、匈牙利、波兰和斯洛伐克四国，“维谢格拉德集团”是当年苏东剧变时几国政府抱团成立的组织，可视为中欧的独联体。

西方都希望德国在新世界的混乱局面中尽一份力量，对不公、专制和暴力现象表现出愤慨，但默克尔就是会在深思后慢慢地告诉所有人，德国由于历史原因，将对所有的军事行动永远保持警惕。

她的审慎是出了名的。这是在民主德国 35 年的生活培育出的品质，秩序、计划、方案才是更为重要的东西，即便失去惊喜，也要保持有序，宁可面色严肃，也不要左右逢源。她保留了德意志最为宝贵的品质，多年来，就这样审慎、节制、缓慢甚或乏味地推行着自己认为的国务上应有的一切帕累托改进，这项工程持续了三届政府，并且永远不会止息。在这里，整个国家的政体和选民都是极其成熟的，这儿的土地上长期弥漫着一种深入骨髓的保守政治文化，人们的要求很简单——“缓慢地改善大多数人的生活，同时避免灾难”。

他们已经与默克尔形成了一种相互间尽可能少说话来施行政策的默契。他们信赖默克尔对于任何领域的思考和研究，信任那些与默克尔质感一样的

“沉默教会”做出的内部决策，信任这些政策的推行一定会给他们带来福祉，从不质疑。甚至一个新动词已经为之诞生——Merkeln——什么也不说，什么也不做。她的任何决定、任何表态都是沉默的。在这场长达十余年的沉默里，德国的失业率处于 1990 年两德统一以来的最低水平，贸易顺差不断攀升新高，2016 年政府最终实现了 240 亿欧元的财政盈余，相当于国内生产总值的 0.8%，是伟大的经济成功。

早年的默克尔还会喜欢参与争辩，还会在疏忽大意时显出狡猾有趣的一面，稍微放松一点儿的时候，她会模仿她刚刚会晤的对象——教皇或是法国总统，并借此批评他们的观点。现在她再也不会了，据她的自传作家柯内琉斯披露，2006 年，时任社民党主席普拉策克曾经在一份研究报告中告诉默克尔，德国的选民并不喜欢听取对于政策的过多论证。默克尔记住了，至此便不再多谈任何细节，不做任何无缘由的承诺，正如她自己所说，“沉默，对我来说是非常美的东西”。她的一个幕僚曾经指出，“不会出现一个新默克尔,这个古怪的人再也不会改变了”。

然而,就在这次的难民问题上,人们感觉到这并不是一个传统的默克尔。她看起来真心不够审慎,她很有可能没有按照以往的习惯扎实地推进任何调研,就直接宣布了“我们可以做这个”(当然,就这句话本身而言,还是默克尔式的语言风格)。在他们看来,那次与里姆·萨维尔的严肃对话后,漫天的媒体批评触碰到了默克尔,她被那些高举道义和价值的左派作家、媒体和娱乐明星欺骗了。反对派激烈地抨击道,德国的民族疆域从来都是用铁与血勾勒出来的,不能容忍“妈妈”式的包容。匈牙利总理欧尔班提到了德国在战后一直拒斥的一个单词,他指责默克尔的情感滥觞为“道德帝国主义”。

包容的欧洲大陆

然而,默克尔是从属于新一代德国的。

1945 年以来，这个国家在相当长一段时期内不敢过分言及伟大繁盛的价值，生怕再次凝聚起一种不应有的冲动，整个民族索性重新陷入俾斯麦界定的来自东西双线的生存恐惧。因为担心招致联盟国家的再次集体反目，德国小心地让各种多元、独立和富有批判性的思考胎死腹中。联邦德国首任总理阿登纳的竞选口号是“不做实验”。而后的继任者施密特则给出了著名的建议：“有想象力的人都应该去看医生”。默克尔的导师，科尔总理总是提出旧时代的教诲，他说他们小时候喜欢把划分德法边界的路障推倒，他还希望默克尔站在法国国旗面前时最好鞠两次躬。

默克尔并不认同。她出生的时候，这一切已经结束了。她的脑中没有战争伤痕，她从未刻意对与法国和苏联的旧有关系表达出任何的情感和眷恋，她不熟悉那种边界的气氛，一有机会就总是会强调自己从外围观察了欧洲 35 年，下了很大的功夫才弄清楚这一切过往。在接受《明镜周刊》的访问时，她在以下这段对话中所呈现的整个风貌是完完全全代表新时期的：

大家总是习惯以联邦德国的观点思考，而我总是从全德国的角度来看……我不觉得德国人特别糟糕或者特别优秀。我非常爱吃土耳其烤肉和比萨，我觉得走在人行道上的意大利人特别漂亮，还知道太阳在瑞士照的时间比较长……当我用“祖国”这个词的时候，并不是说我们是这个世界的中心或者关键。我用这个词的含义是，这是我的语言，这里有我的树木、我的湖，我是在这里长大的，我喜欢住在这里，我信任这个国家，是它共同历史的一部分，其中也包含着痛苦或精彩的篇章。

默克尔观念里的德国是健康的、崭新的，更为重要的，从字里行间透露出的意象——是包容的。2007 年，在轮任欧洲理事会主席国时，默克尔的德国已经提前很久准备好了承载整个欧洲的义务和责任。唯独不太满意的是，如何在议会发言时深刻地陈述这份沉甸甸的欧洲信仰。整整几个星期，默克尔的“沉默教会”紧紧围绕着一份文稿，试图注入具有广泛意义的欧洲情感，一个个词汇被逐个试用作为报告的主题句——多元、尊重、战争、和平，直至最后，有人提出了“包容”。

那场演讲直到现在依然被誉为“包容演讲”，默克尔把所有的欧洲答案概括进了三个单词——多元、自由、包容。她还引用了捷克作家卡雷尔·恰佩克的话：“欧洲的造物者把它做得小小的，甚至分成微小的一块块，所以我们的心不为大小而喜悦，而是为了多元化。”她在总结时着重说道：“欧洲的灵魂是包容，欧洲是包容的大陆。”

这不是一句口号，这句话解释了默克尔为什么在8年之后会敞开怀抱，拥抱那些来自叙利亚的难民。她反复告诉德国民众，他们中的很大部分是受过教育的良好的人，德国目前老龄化严重，我们正缺乏来自东南方向的技术工人来促进新一轮的工业增长。她一次又一次捡起德国的人口志，这个国家拥有欧洲数量最为庞大的移民人口，8100 万人口中有超过 800 万是移民。“二战”结束后，1300 万来自东欧的被驱逐者在西德安家；苏联解体后的 10 年，有 300 万人来到这里；南斯拉夫内战期间，又有 35 万难民涌入；这其中最为著名的，或许是 1990 年 10 月 3 日，1600 万东德人一觉醒来，发现已身处一个新国家里。如果说从这些旧事中可以抽析出一条经验的话，那就是历史远非定数，身份认同只是一个选择问题，德国战后的移民史深刻地揭示，这个国家在风土上是开放、自由且包容的，在那些选择了德国的难民身上，默克尔看到了自己。

当欧尔班在一场欧盟峰会上揶揄默克尔“迟早会把铁丝网架起来”时，默克尔转向欧尔班愤怒地说道：“我在铁丝网后面已经住得久到不想让那段噩梦重现。”可以看出，面对来自东方的叩门，默克尔的下意识反应绝对不是闭门不出，在她看来，再往北走就已经到了冰冷的波罗的海，这些人真的没有地方再去了。这样的意义下，她接纳了他们，还尽力推动这些移民融入国内社会，她相信德国以历史和较小的成本成功地融合了原有的800万移民，新来的这批人也能够做到。一位亲近默克尔的人士解释，她从小就曾经被这样教导："如果有陌生人在雨中站在你的门前，你让他进来并给予帮助，而当你让他们进来了，就不要冲他们扮鬼脸。"这样的教诲在默克尔后来的话中能够找到一些影子："当人们从2000公里以外来投奔我们，而你能够一边接纳他们一边却在埋怨，你们在这儿就不能友好点儿吗？"

务实的政策实践

在做这件事的时候，默克尔或许没有想到要去面对这些压力。好在这名女国务家拥有极佳的政治平衡感，总是能够控制好智识、性格、风格与外交事务中的微妙关系，所有的个人禀赋是坚决为政治服务的，决不可以僭越。她从不在乎那些加诸她身上的类似传统、道德、人性等闪烁着光芒的价值意象，她从不大哭或者大笑，从不突出自己的基督教信仰，也从未替自己的难民政策做过任何过多的宣扬、辩解和注释，她从不会抱怨任何不公，也很少通过情感描述自己对政策、历史和价值的看法。她是一名极其务实的总理。

如果说默克尔还有缺点，那么这其中的确存在一个问题。或许默克尔太过务实了，她的所有国务思考、政策措施都是紧紧围绕着事实本身，是事件导向型的。她经常挂在嘴边的一句话就是，“不要忘记预期将要发生什么事情与真正经历这件事情之间的巨大差异”。然而，在更高一点的层面上，默克尔缺乏对过往德国历史中渗透的教养的深刻捕捉和应有敬畏，对于很多事情的判断往往是凭借自身的经历和知觉来把握，缺乏一定的历史厚度，也容易在历史面前迷失方向。当然，你可以粗暴地说这是女性国务家易犯的通病。

日本福岛核电站事故发生后，默克尔第一时间观看了那些安静的爆炸画面。作为一名物理学家，她原本对于核能技术的安全非常有信心。然而那些画面传递出的力道太过深刻了，默克尔在灾难后第三天就中止了德国核电站的延期运转，并且不断显示出极其强劲的行动力，主导了引人注目的能源政策大转弯，让联盟和工业界大吃一惊。从那之后，德国的核电站一个接一个地被废弃。最后一座核电站将于2022年底停工。

这样的决策过程在默克尔身上有很多，这乃是由于主导她进行某种战略思考的常常是一种先验性、即兴式的主观认知。每当这些模糊的观念嵌入并形成先入为主的确定性判断，她便会立即建立起施行政策的强大意志，并且以默克尔的习惯，总是会足够负责地全力推动。然而，作为一个正逐步在欧洲乃至世界范围内承担责任的国家，这样的思考和努力是不够的。在整个德国疯狂的时代，俾斯麦、克劳塞维茨、老毛奇等极其出色的国务家都具有一种让德国人民引以为傲的大战略规划能力，总是能够紧紧围绕国家的根本利益界定战略和战术，这是参谋本部的核心工作。默克尔的“沉默教会”显然还没有学会这一点，其后果可能是很深重的，难民问题只是其中的一个缩影。

长期以来，德国国内的质疑在于，默克尔从来说的都是“我们能够做这个”：历史上我们成功消化了 800 万移民，所以我们能够做这个；现在我们缺少新的劳动力，所以我们能够做这个；现在他们已经来了，等在门口了，所以我们不能不做这个。然而民众希望听到的答案是，“我们为什么需要做这个？”不是解释现实的被迫，而是通过对历史和民族性的深刻理解来解释“必须”。德国在这次战略选择中是国家利益导向，还是国家道德导向？法国赤裸裸的灾难性案例就摆在那里，就在过去的一年内不断发酵升级，德国祛除这些灾祸和苦难的方法究竟在哪里？是否真的需要外来人口填补劳动力缺口，如果他们继续涌来，位置不够怎么办，将来能不能顺利地把他们遣返回去？最后一个问题，也是德国历史的根本问题之一，到底是一个日耳曼人的德国还是一个多民族的德国更有利于这片土地形成国力？这些问题的答案默克尔几乎从未提及。

如果默克尔难民政策背后的政治目的只有单纯与真诚，那么结果很可能是灾难性的。那些游走在巴黎南部街头的难民深刻地改变了人们对那座城市的全部美好回忆，他们从来都拒绝接受世俗化，生活在自我封闭的小圈子里，与整个社会格格不入，制造了各种灾难，新世纪的法国正在以历史上从未出现过的新样式沦陷。同样的悲剧已经在科隆、柏林等地上演，大有蔓延至全国之势。这场道德绑架的成本是如此之高，将远远大于默克尔的预估。按照弗赖堡大学拉斐尔·旭申教授的计算，仅仅 2015 年的 100 万难民就耗资 1 万亿欧元，如果这批难民能在 6 年内融入劳动市场，彼时则需要另外的 9000 亿欧元，相当于德国国民总产值的 1/3。它带来了东西欧的分裂，带来了英国独立，带来了很多国家温和政党执政合法性和支持率的骤减，并且现在看来，甚至有相当的可能赐予默克尔如她的恩师科尔一般悲凉下台的命运。

自由的道德女王

而如果一切不是源于单纯与真诚，那便一定是复杂的政治诉求。在很多人看来，这是一种以政治之名的“道德必须”，人们在赞美默克尔包容的同时，总是倾向于将之理解为不得不这样去做的一种政策表象。然而默克尔的很多称号中最为失当的当属“道德女王”，她或许应该是这个世界上最为看淡标签价值的国务家，当季莫申科[①]的女儿打着自由的旗号来拜见默克尔，并试图为她刚刚入狱的母亲辩解时，

① 尤利娅·季莫申科，乌克兰政府前总理，2012—2014年间因反对派起诉其签署乌俄两国天然气供应协议涉嫌滥用职权被判7年监禁，并于女子监狱服刑。亚努科维奇倒台后，季莫申科被最高行政议院无罪释放。橙色革命期间，部分西方媒体将其封为“革命的圣女贞德”。

默克尔表示这种做法给她的内心带来了极大的抗拒和不适。她将价值观视为一种个人的东西，她极度在意的是属于自身内心的自由，而不是自由价值的斗士，这是一种个人体验，而绝非政治教条。

很少有人看到，默克尔顶着巨大的压力坚守自己的政策，乃是因为在心底对于这种涌向异乡的流亡有着深刻的价值认同。柯内琉斯在传记中提到，她对于流亡的概念认知来自以色列，在默克尔小时候，每年都会有一次前往拉文斯布吕克集中营的远足，在那些反复的30公里的行走中，默克尔听说了犹太人的悲惨命运。在出访以色列参观大屠杀纪念馆时，默克尔感觉“自己像是进入了一个黝黑的洞穴，一步一步在昏暗中摸索，三根蜡烛的微弱光芒不断借着镜子反射，一个个沉静的声音念出大屠杀中被害儿童的名字”。当她最终爬出隧道，一束光线迎面而来时，默克尔被深刻地感动了。那光芒让她回忆起了基督教精神的深刻教诲，想起了身为牧师的父亲在小时候抚着《圣经》为她释义救赎，她曾说过，自己一生的所有言行都将以《圣经》为标尺，而面前正是那些渴慕被命途垂怜的流亡的人们。她意识到，将历史责任归咎于某种特定群体和特殊主义是德国文化的一大禁忌，这样的历史不能再重复出现。长期以来，她一直勇于承认德国在面对异族的生存祈求时所犯下的不可推卸的罪行，并肯定犹太人的生存和自由意识，甚至将捍卫以色列的本土安全视为德国的国家义务。因此，正如德国著名政治记者亚历山大在近日的新书《摇摆不定：默克尔的难民政策》中所提到的：当德国联邦警察警长迪特尔·罗曼向默克尔问“如果500个抱着孩子的难民和部署在边境的警察部队发生冲突，我们要怎么办”时，默克尔立即做出了开放边境180天的决定。在亚历山大看来，“基于历史原因，总理对全副武装的德国警察和手无寸铁的平民在德国边界发生冲突心存恐惧”。他的判断大致是对的，默克尔不愿再次阻拦异族的生存请求，她在内心深处对于这种流亡怀有一种复杂的同情。

默克尔是如此渴慕并信奉自由，她曾多次提到，“自由是我人生中最为幸运的经验”。很大程度上，她已经将这种流亡视为一种对个体自由的勇敢竞逐。在一次以“自由的秘密是勇气”为题的演讲中，默克尔说，“自由一方面从某些事而来，另一方面又向着某些事而去，我们谈到自由的时候，总是在谈论别人的自由”。在她看来，自由绝对包含一种重要的功能，而这种功能的效用应该是利他主义。

对默克尔而言，德国是这种利他主义自由的最大受益者。她始终坚定地认为，是美国将德国从纳粹的野蛮行为中解救出来，并义无反顾地支持德国统一。因此长期以来，她一直视美国为自由价值的典范，她崇拜里根在冷战对峙中的坚定和勇敢，她和希拉里·克林顿、康多莉扎·赖斯几乎第一面就成了好朋友。她和丈夫的第一个蜜月选择去加州的洛杉矶，那是他们生活中最为美好的回忆。她曾经亲赴美国接受奥巴马授予的总统自由勋章，在仪式过后的晚宴上，菜单的正中心别出心裁地印着奥巴马对默克尔的赞誉——“默克尔博士是自由胜利的象征，她是在统一德国的总理府内任职的第一位民主德国人”。

在默克尔看来，这是莫大的荣誉，在随后的致辞中，她甚至鲜有地出现了情绪波动，她说：“历史经常让我们看到，渴望自由的力量可以发展到多大程度。渴望自由促使人类克服恐惧，直面专制独裁。专制独裁的链条，压迫的桎梏，都无法长久抵抗自由的力量。这是我的信念，它也将继续引导我。”

所以，当美国的自由价值散去，当看到特朗普在民粹的喧嚣中走上山巅之城，我们可以想象默克尔心头的绝望。在祝贺特朗普当选的电报里，默克尔话里有话地提醒道：“德国和美国是通过价值观捆绑在一起的。民主、自由、尊重法治和人类尊严——无论出身、肤色、性别、性取向或政治观点如何。”她说，柏林方面将“在这些价值观的基础上”与美国新政府密切合作。在《华盛顿邮报》看来，虽然默克尔的贺信措辞优雅，但与其说是一份祝福，毋宁说是一封警告信。当特朗普在接受英国《泰晤士报》和德国《图片报》联合采访对默克尔的难民政策进行严厉的抨击时，默克尔立即做出了强硬的回应——“欧洲人的命运应掌握在自己手中”。

默克尔对自由是如此的敏感，生怕好不容易获得的一切美好轻易散去，她总是强调，“我在专制政权下生活了 35 年，它与我的过去密不可分，有人说这不会再发生了，但我总是存有疑虑”。现在这一切如预想般地发生了，当奥巴马把任上的最后一个电话拨向默克尔，仿佛将整个自由世界的旗帜亲手奉上一般，默克尔感到前所未有的孤立无援。她清晰地记得 2008 年的夏天，这位心怀理想主义的美国总统候选人第一次来到柏林，在庞大、狂热的人群面前发表了充满自由色彩的讲话。转眼 8 年过去，一切全都结束了，在她看来，这是即将改变世界命运的历史节点。默克尔深爱歌剧，特别是瓦格纳谱写的蕴含着巨大命运悲怆的作品。她对《尼贝龙根的指环》曾经有过一针见血的评价——“如果事情一开始就错了，反而可以成就某些人，但永远不会回到好的结果上来”。她所信仰的瓦格纳哲学深刻地指引着她——“起步对，步步皆对。然而事情永远无法从出口倒转，这让我觉得悲痛”。

精美、挡风的窗户

慕尼黑安全政策会议以后，特别是与特朗普的会见结束以来，默克尔心头的忧虑加深了。美国人抱怨自己在欧洲人的地面上承担了北约72%的费用，而他们自己只承担了26%。特朗普对于“搭便车”有一种原罪般的厌恶，他永远不能理解当年杜鲁门和马歇尔在这片广袤土地的慈善行为所蕴含的巨大深意，而只会将之视为自己的买卖没有占到便宜。在访美之前，德国新财年的国防开支已经有所增加，然而还要继续面临压力。默克尔同样无法向特朗普阐明德国和俄罗斯之间的复杂关系。尽管鉴于历史，与莫斯科交恶总会让柏林感到一种特别的心理压力，然而德国仍然有必要领导欧盟对俄罗斯非法吞并克里米亚的野蛮行径做出回应。在特朗普看来，这是强人政治的应有表现，再自然不过。他甚至应该也会觉得普京在早年放出狗来吓唬默克尔的做法很好笑，而非将之理解为缺乏教养的粗鲁行径。

最为糟糕的在于特朗普的态度，他已经决意对德国正在扮演的圣母形象进行嘲讽。在媒体见面会上，面对所有在场记者要求两位领导人握一下手的请求，在默克尔轻声的提醒面前，特朗普纹丝不动，甚至不愿正眼瞧向默克尔一眼。抛开礼仪和教养不谈，特朗普的行为明显地传递出他对于目前德美关系的不满。早在默克尔出访之前，人们已经意识到让特朗普公开表示支持欧盟统一恐怕很难，但至少要减少一点批评，用霍普金斯大学学者哈珀的话说"哪怕改变一点对欧盟讲话的语气都是此次访问的一个成功"，然而一切轻而易举地被证明是徒劳，特朗普对于德国在欧盟甚至世界范围内所扮演的角色充满厌恶。

慕尼黑会议结束后，一名美国官员在面对《金融时报》的采访时开心地提到，“再次身处一个正常国家的感觉真好”。这句话的讽刺意味是如此之强：整个 20 世纪上半叶，全世界的人们都在因德国的反常举动而深陷浩劫，是威尔逊主义的深刻力量使得美国成为国际秩序的救世主，并带来了整整半个世纪的稳定结构；然而现在，美国要回到 19 世纪的孤立主义,反倒是德国成了很多“普世价值”的捍卫者，但是却要再一次被抨击为是反常的。德国语言批判行动评委会日前公布的 2016 年的“年度恶词”显示，具有鲜明的纳粹时代色彩的“人民叛徒”成为 2016 年“最恶词汇”。2015 年 8 月，当默克尔在一家难民中心参观时，示威者就对她使用了这样的称呼。第二年的德国国庆日，默克尔在进入德累斯顿圣母教堂时再次被示威者以“人民叛徒”之名咒骂。这个世界的政治风向正在深刻调整，默克尔顶在最前面，被迫承受了历史极大的不公。

荷兰选举结果出来以后，默克尔像个孩子般高兴。极右翼的维尔德斯没有当选，自英国大选以来延续了一年的“黑天鹅事件”暂时止住了。在法国，右翼政党极富教养的领袖菲永度过了最艰难的时刻，支持率正在快速回升。马克龙也很钦佩德国，他的政策主张是默克尔能够接受的中间路线，一切看起来都在好转，那种一直氤氲在欧洲上空的糟糕气氛正在散去。在向荷兰新任领导人吕特的祝贺中，默克尔提到这个结果“是民主的好日子”，她说：“很高兴看到高投票率取得了一个绝对支持欧洲的结果，这是一个明显的信号。”

默克尔是一个乐观主义者，她总是倾向于看到事物美好的一面，尽管她经常不苟言笑。自从走出民主德国的精神压抑以来，默克尔在心底对这个世界充满感恩和希望。在一次接受电视采访时，当被问及“德国”这个词会让她想起什么，她的回答是——“精美、挡风的窗户”。在这个充满童趣的比喻里，我们可以愉快地感到厚重的责任、坚定的守卫等很多意象，似乎也可以看到窗外灿烂的生活，她是如此深爱自己的国家，不惜永远固守在这扇窗前向外眺望。

就像曾经带领德国勇敢地走向欧洲一样，默克尔已经决心再将她的国家带向这个世界，这是一份受邀请的责任——护卫全世界脆弱而正在淡去的民主希望。这是默克尔的第四次竞选，很长时间以来，她没有决定自己是否还要继续这一切。然而，她最终还是在这个世界最为慌乱的时刻勇敢地站到了台前。

在宣布这一决定的十几分钟里，默克尔解释了为什么第 9 次竞选连任党主席一职，第 4 次参选德国总理。她说自己考虑了很长时间。许多人和她说“你一定要这样做”，这让她很感动。接着她大声向与会者发出呼吁：“你们一定要帮助我。”这段讲话为她赢得了长时间的掌声。

一名议员提到，在最为焦虑的时刻，默克尔发出了歌德在《象征》里的那句著名的呼唤——“我要你们怀抱希望”。

旧时代的拉加德

On a vu de belles choses, hein?
我们看到了很多漂亮的东西，不是吗？

——Philippe Muyl: *Le Papillon*（《蝴蝶》）

还是戴高乐的那句名言："法国如果不伟大，就不称其为法国。"从圣巴托洛缪大屠杀、法国大革命到拿破仑战争，深陷欧陆中心地带的权势缠斗，法兰西民族一次次的生存试验反复印证了这一点，以至于在德国甚至形成了一句满含嫉妒的谚语——"好运像上帝一样在法国"。

这个国家的政治文化由是在历史和哲学的意义上显得十分厚重。特别是自拿破仑的伟大辉煌凋零过后，普法战争以来数次战争的失败映像将这个民族压得更为深重，法国人长时间深陷反思主义和悲观主义哲学，许久无法产生再次激发一股强烈的政治热情的冲动。

战后很长时间以来，整个国家为一种平和、满足甚或虚无的政治氛围所庇佑，政府坚定不移地奉行福利社会理念，在补贴困难家庭、补助失业者和保护弱势群体等方面做了大量的努力，法国人民也逐渐惯于遵从庸常的生活和价值无涉的态度。正如戴高乐的另一句名言所说，“这是一个有着 400 种奶酪的国家，人们对于政治的热衷和真诚也就那么回事”。这种态度深入法国当代政治文化的骨髓，在连续历经了萨科齐、奥朗德两届政府之后，法国人民在剧烈的左右摇摆之间更厌恶政治现象的污秽不堪，一些原本隶属于旧时代的观念、认知、风貌开始为人们所怀念，前法国财长，现 IMF 总裁克里斯蒂娜 · 拉加德是这种政治气候的最大受益者。

2011 年 4 月的一天，在一个小型聚会上，拉加德和身边好友们共同庆祝自己在法国财长的位置上干满 4 年。10 年来，这个岗位走马灯般地换过 10 位部长，她的前任甚至只做了 31 天就因为在社会增值税方面的出言不慎而被赶下台。除了后来曾经担任总统的瓦莱里 · 德斯坦，作为法国历史上首位出任财长的女性，她已经成功超越了之前的几乎所有男性。

仅仅几周过去，拉加德又迎来了新的挑战。多米尼克 · 卡恩[①] 因为涉嫌强奸一名酒店职员拱手将 IMF 总裁的位置让出。尽管在法庭上，他表示自己很少参加性爱派对，因为他在忙着“拯救世界”，并且还有“其他的事情要做”，然而在历经了罗德里戈 · 拉托[②] 的税务欺诈和卡恩的性派对丑闻之后，IMF 的声誉已经被毁灭殆尽。这个自布雷顿森林体系以来一向高贵文雅的组织急需一股政治上的清新之风，在历经了重重筛选之后，来自法国的拉加德逐渐进入了人们的视野。

---

① 多米尼克 · 卡恩，2007 年至 2011 年间担任 IMF 总裁。2011 年，他在纽约被一名宾馆服务员指控性侵，在该丑闻被曝光之后不久，卡恩又卷入警方对一个卖淫集团的调查中，并被指控在布鲁塞尔、巴黎以及华盛顿举办性派对。

② 罗德里戈 · 拉托，2004 年至 2007 年间担任 IMF 总裁，曾因涉嫌税务欺诈、洗钱和资产倒卖卷入调查，2017 年 2 月，拉托被法庭宣判曾经从自己管理的两家西班牙银行中挪用款项，并入狱服刑 4.5 年。

很长时间以来，拉加德在历次关键的路向选择中总是得到命运的佑庇。人们真诚地喜爱她，是因为在她的身上总能找到那些既显于当下，却又代表了过去的美好品格——好学生、好职员、乐观向上、不懈奋斗、个人主义、自由主义，这些品德使得她从一名花样游泳运动员，到贝克·麦肯思律师事务所主席，到法国财长，再到 IMF 总裁。一路走来，她总是能够在所从事的领域内做到最好。这些品德共同构筑了拉加德之为拉加德，在每一个地方，她都刚好以女性独有的很多标签价值补足了人事空缺，给这些岗位带来一种新鲜的解释方式。在这个过程中，她和这个世界时下流行的政治风貌渐行渐远，她始终难能可贵地保持着自己的本色，没有为竞选生态和政治攻讦所沾染。她从来也不是一名合格的政客，也就无法掌握必备的政治技艺并成长为一名伟大的国务家，较之于她在性别意义上的同侪，这一章我们所走进的政治生活是完全不同的。

从“政治小清新”到“最佳财长”

“小清新”是时下的流行词汇，然而很少被移接至政治领域。如果我们一定要给予其一个概念，或许可以专门用来描绘一种以脆弱的感性心灵理解艰辛的政治事务时所体现出的错位和无助的状态。一直以来，“小清新”多半体现在旁观者身上，无须承载事务本身的重负和责任。然而，作为重要政治事务的参与者甚至决策者，拉加德或许是这个世界上少有的“小清新”领袖。

她的财长生涯起源于一份《劳动、就业及购买力》法案，那是她来到财政部工作的第二天，在反复思忖咀嚼了很多的漂亮句子之后，她在部长例会上朗读了这份充溢着浓重美式气息的法案，“改革就是展望未来，并不忘我们的根基”，“法国人想要的不是更多乐趣、更多面包和更多玩具，他们想要的是更多工作，是自己亲手劳动收获的果实”。在演讲的结尾，拉加德的口号甚至有些夸张，“忘记以前根深蒂固的、法国式的思考习惯吧，让我们卷起衣袖……”

在展现自身优雅的话语霸权的同时，拉加德似乎从一开始就偏离了这个国家的主流。整个竞选期间，她所服务的总统萨科齐极为偏重社会福利政策，对中低收入者做出了大量的政治承诺。在他看来，法国人存在购买力不足的问题，在个人财力没有显著变化的情况下，贸然提升经济的自由度是不被允许的。然而，拉加德法案最为重要的精神风貌就是宣扬了一种劳动价值至上的自由主义理论，通过减免加班税、继承税等方式，拉加德希望能够促进这个国家的劳动积极性，提升崇尚个人奋斗的中产阶级的价值回报。但是，拉加德显然不够了解法国重农主义的文化传统，在客观上对中低收入者造成了伤害，并在无意中背叛了正在思考是不是做了一个错误人事任免决定的总统。

随后不久的一次电台访问中，这种糟糕仍在延续。当被问及是否针对2008年的经济现状着手准备“紧缩”的政策方案时,拉加德随口自然地回应道:“是的，的确如此。”主持人随后狡黠地说道：“感谢您的坦诚，这将会掀起一场轩然大波。”果然，几分钟后正在另外一家媒体接受访问的总统府秘书长冷冷地纠正了拉加德的失言，总理菲永也立即主动联系了电台否定了这一表述。灭火之后，总理第一时间礼貌地向拉加德提出了告诫，他告诉她在法国政治文化里，有些词是不能讲的，“紧缩”和“严厉”要绝对避免，至于“一切正常”这种表达，难免让人心生恐惧，因为它其实暗示着一切都不太理想。拉加德很好地明白了这个道理，3年过后，在全球经济深陷动荡之时，拉加德聪明地把法国正在采取的政策说成是“Rilance”,这个单词是“紧缩”与“复兴”两者词义的结合，含义清晰明了，政治站位准确。

然而，传统的政治事务终归不是她熟悉的。在巴黎第12区参加地方选举时，拉加德努力迫使自己记住一块面包、一包万宝路香烟、一张四大区通用的电信卡片的价格和每户的平均税费，不过她费尽力气还是无法将巴士底地区的布波族选民争取过来，她的选票最终连 35% 都不到。不仅如此，拉加德还对选举表现出了微词，在她看来，法国的竞选活动过于传统，缺乏现代精神，也缺乏真正的新意。她所喜欢的是那种“不靠计划、不靠预案、靠活力取胜的竞选”，就像一切在美国发生的那样。她依稀感觉到，美国式的积极态度，比法国式的知识精英阶层的消极主义更能鼓舞人。“在法国，表达批评是时尚的，而赞美他人则不然。”

刚刚任职财长的一段时间内，拉加德的很多政治生活都是灾难性的，有人评价“她的进步曲线几乎就是零”，萨科齐甚至曾经在背地里称呼其为一辆“法拉利”，用以形容拉加德的桀骜不驯。据中小企业署秘书埃尔维·诺维利回忆，“拉加德还没有掌握好议会的规则，她任凭技术顾问事先为她拟好答复，在议会中也没有固定支持她的团体，最重要的是，她不太了解议会的形式规则”。那段时间，拉加德深切地意识到财政部是一个崇尚技术至上的故步自封的部门，由于自身缺乏财经方面的专业素养，对于法国政坛的官僚文化也并不熟稔，华丽空洞的言辞必须从实实在在的政治表达中让位，从大洋彼岸带回来的充斥着自信和朝气的美式热情必须在这栋冰冷的大楼里快速降温。几次位于辞职的边缘，拉加德曾经极度灰心地和朋友谈起："他们要我回来为国效力，如果当时我知道会变成今天这种局面，那我肯定会说‘不’。”每次沮丧过后，她又总是能很快重整旗鼓，明确地告诉自己的财政团队，“要么一起胜利，要么一起失败”。

这种政治上的不成熟是有缘由的。自 1981 年以来，拉加德一直服务于美国的贝克·麦肯思律师事务所，她的整个思维方式是公司式的，同时也打上了严谨、审慎乃至木讷的律师烙印。这段生活深刻地塑造了拉加德的美国风貌，使她习惯于永远保持一种旺盛的征服精神，这与传统的法国式悲观主义完全背道而驰。正如她的一名下属所指出的，拉加德永远有一种令人惊异的能力，总能看见一只半满而非半空的杯子，这名下属回忆到，“某天我遇见她，她刚刚给儿子开家长会回来。他的成绩属于中等，不过西班牙语成绩很好，在全班名列前茅。然而，见面时校长根本就没提过这件事，这一点让拉加德感到非常惊讶”。

遗憾在于，乐观主义在法国政坛很可能绝非优点，如果用得好，无非是带来一种陈词滥调的不快印象；而如果用得不好，就会给人一种完全与现实脱节的感觉。在2008年金融危机的应对过程中，拉加德一直以来都在强调事情好的方面，她的个人传记《权力与优雅》中详细记录了这一过程。

8月中旬，她在办公室召见记者时指出，“法国经济基础是非常坚实的，我并不认为今天的状况是全球经济的一场传染病”，彼时美国经济衰退已经持续半年。11月5日，“房地产危机和金融危机并未影响到美国实体经济，更没有理由相信会影响到法国经济”。然而次年,法国国内生产总值仅实现了 1% 的增长，第二年随即陷入衰退。两个月后，她的言论出现了轻微的变化，不过仍然轻描淡写，“据我估计，我们肯定会受到某种副作用，但如果现在就认为我们正处在一场大型经济危机的边缘，实属为时过早”。自 2008 年 5 月开始，拉加德就明白问题有多严重，她深切地知道，当年经济增长率就算再好，也不会超过 1%，然而她在采访中仍然坚持认为可以最终实现 1.7% 的增长。几天后，在未知晓拉加德的情况下，总理菲永承认增长不会超过 1%，这以后的一年内，菲永公开宣称的经济增长数字经常与拉加德提出的完全不同。

长期以来，人们一直责怪拉加德在经济危机中的表现，在 2008 年初的一场议会质询中，社会党议员们忍不住冲着拉加德齐声高唱法国音乐家文图拉的成名曲《侯爵太太，一切都好》，以讽刺她过度的乐观主义情结。然而，拉加德的天真就在于此。在她看来，应对危机的正确方式是实实在在的措施，4

年多来，她竭力促成就业法案，维护了有利于竞争的经济现代化法案，主导了行业税的改革，规范了银行监管，捍卫过无数财政修正法案，这些都有力地对抗了金融危机带来的经济后果。如果说有什么事情比措施更重要，那就是宝贵的信心，作为财政部长，经常性地看到事情的积极面，并以之提升民众的信心在她看来无可厚非。

这种天真帮助她得以在绝境中看到希望，也能够把她从希望中拉回绝境。2016 年底，当拉加德刚刚得到理事会的信任得以连任 IMF 总裁之后不久，一则旧闻打破了她生活的宁静。法国检方指控其在担任法国财长期间，滥用职权为法国商业及政界大亨塔皮输送了 4.05 亿欧元的利益，尽管按照最高法院的裁定，拉加德可能只是涉及“轻微渎职”，然而一旦罪名成立，她仍然可能面临最高一年的徒刑以及罚款 1.5 万欧元。

1993 年，当塔皮出售著名运动品牌阿迪达斯时，被当时的法国国营的里昂信贷银行恶意低估品牌价值而欺诈了巨额资金。自1995年开始上诉以来，这一案件几经辗转，从巴黎商业法庭到最高院，官司打了十余年，双方争执不下。而拉加德受到指控的焦点在于，她绕过了司法程序，下令由双方共同指定的3名法官作仲裁，虽然一举结束了这一事项，然而此举超出了作为财政部长的职权范围。很多批评的声音指出，尽管塔皮是个左翼政治家，但他却是包括萨科齐在内的很多右翼政治家的私人朋友，在政商两界能量巨大，甚至还曾因旗下马赛俱乐部的比赛作假而蹲过监狱。他们怀疑，拉加德在其中可能被萨科齐授意卷入了一些不明勾当。

拉加德一直以来的回复都天真得让外界有些意外，她的理据在于两点：第一，她没有继续让这一案件纠缠下去，是因为这场持续了10年的官司已经花费了政府1000万欧元的律师费，如果继续僵持下去，还会损失更多钱。作为放弃上述的交换，塔皮接受了书面协议，同意为其取得的收益缴纳重税，这可以为政府省下4500万欧元。在拉加德看来，这是两害相衡取其轻的好办法。第二，非常典型的拉加德式逻辑——“我像是那种会和塔皮做朋友的人吗？”

这种政治上的清高，在一定程度上帮了拉加德。尽管这无法为其洗脱罪名提供任何有效的论据，然而，这使得大家能够倾向于对这名一向自命文雅的女性产生信任。在任法国财长期间，她无数次地忤逆萨科齐的政治意愿，在得知萨科齐对自己无法产生信任，在身边安插了很多眼线之后，她第一时间递交了辞呈，让后者极为被动。在一次因为与德国的银行担保基金合作的事情与萨科齐剑拔弩张之后，她愤怒地当面表示：“如果你想要我辞职的话，没问题，总有一班飞机是去芝加哥的。”拉加德习惯的做法是，工作即是工作，不要夹杂任何关于政治的肮脏污秽，她曾经说：“如果说身为政客，就意味着要摧毁对手来成全自己的政绩。那么，我不是政客。”萨科齐总是习惯召开一些非正式的例会，没有议事日程，他会让大家自由发言，然而往往便直接演变成一场相互之间的攻讦，在这种时刻，拉加德往往选择沉默。某位前政府的官员曾经对她提出极为恰当的评价，“拉加德最大的优点就是主动远离政治，当然，最大的缺点也是这个”。正如她的朋友斯蒂芬·海姆所说：“拉加德从不搞多重人格，不会一会儿行事像位部长，一会儿又像拉加德本人。即便身处困境，她也会忠于自己。”最终，尽管仍然被判处有渎职的罪行，但她被免去了相关的刑罚，政治“小清新”再次得到了命运的眷顾。

从个人主义到自由主义

或许意识到了自己无法成为一名全面而合格的国务家，拉加德最终选择了非政府组织作为自己的毕生抱负。的确，长久以来，她生长的环境都太过单纯，缺乏一种起码的政治教育。拉加德出生于法国勒阿弗尔市，父亲是位英语教授，母亲是位古典文学教授。这个家庭信奉基督教，政治派别中间偏左，从幼时起，拉加德所接受的教育就十分传统、保守而严格。在她的回忆中，父母都十分优雅、严肃、敏感，几乎不怎么谈论自己，也很少吐露心事、流露感情。在索邦大学，拉加德的论文是关于里德作品中的“文化”概念，这名哲学家致力于研究浪漫主义诗人的作品，以人类辩护者自居，具有鲜明的反政府主义情结。关于政治，这个家庭毫无概念，在拉加德决定接受邀请回国任职后，她的母亲只在一件事情上提出了建议，她告诉拉加德要让别人称呼她为“部长夫人”，因为法语里不存在“部长太太”这种说法。

在拉加德的成长经历中，值得一提的是在花样游泳队的训练经历。席卷全国的“五月风暴”① 期间，由于担心自己的女儿走上街头向执法人员扔石块，

① 1968 年 5 月—6 月间在法国爆发的一场学生罢课、工人罢工的群众运动。起因是学生为反对越南战争向美国在巴黎的产业投掷炸弹，政府逮捕了部分学生，并最终导致了流血冲突。

12 岁那年，父母同意拉加德按照自己的兴趣加入花样游泳队。15 岁那年，她已经获得了法国水上芭蕾比赛的亚军，并即将成为国家队队员。早年的训练功底使她的身体格外出色，能够抗住不少超过其性别和年龄的精力考验。任职以来，拉加德不会再有自由的健身时间，她的替代方式十分简单，开会时她会在桌子下面悄悄做一些小规模的腿部动作，坐电梯时她会习惯性地将背部贴紧在电梯壁上，做些伸展运动以放松肌肉。这项运动带给她的最大收益在于一种始终不服输的拼搏精神，她将永远不会忘记在训练池里教练一遍遍对着自己大叫："咬紧牙关，保持微笑！"拉加德经常和朋友们讲到，在金融危机最为艰难的岁月里，她始终用这两句话提醒自己。

此外，她的性格特质中还包含着一种不易被察觉的机会主义式的小聪明。由于谈恋爱过于分心，拉加德两次失败于国家行政学院考试，因而没能在更早的时候出任政府公职。为此，她曾经想通过自己作为省长的教父帮忙走后门，然而被后者坚定地拒绝了。而她之所以能够得到多米尼克·德维尔潘[①]的认可回到国内任职，也是缘于后者在美国的一次演讲期间，拉加德曾经别有用心地冒昧致信，专门表达自己的赞美，并附上了一张《纽约时报》拍摄的演讲照片，这一做法得到了德维尔潘的极大认可。日常工作中，她喜欢通过给身边的人送小礼物以拉近同僚关系，巧克力、鲜花、杯子都是她的武器。刚刚出任财政部长之后的第一个打折季，她为萨科齐和菲永各购置了一条领带，而这一多少有些超过尺度的举动也自然引来了各方的讥讽。G20 峰会期间，她甚至跟法国著名糕点师皮埃尔·爱尔梅订购了马卡龙点心，每组 20 个，分别装点成各与会国家的颜色；对于女性部长，她还专门安排了发型师服务。这些小心思可以被算作是拉加德的"政治伎俩"，在她看来，所谓人

① 多米尼克·德维尔潘，2005 年至 2007 年间担任法国总理，拉加德在其任上从美国回到法国担任政府公职。

事之事无非如此。

自我中心主义的核心在于自身的穿着，这一道理通用于世界上所有的女性政治家。拉加德是如此钟爱香奈儿的套装和爱马仕的丝巾，在她看来，这些美丽是政治所无法玷污的。尽管受到过很多人的提醒，然而她视佩戴珠宝为一种正当的个人本能，并且从不以之为耻，她深入研究宝石学，并且疯狂地沉醉于碧玺的深绿色和坦桑尼亚石的浅紫色之中流露出的感动。曾经有过一次会议，拉加德被迫不能佩戴珠宝，她感觉非常糟糕，“简直就像没穿衣服一样”。她对于外表如此重视，在收到德维尔潘政府的任职邀请后，拉加德的第一个举动并非细细进行政治考量，而是去美发院做头发。她曾经还亲自为法国著名发型师弗兰克·泊沃颁发荣誉骑士团勋章，用她的话来说，“从《圣经》里，我们看到了发型师有多重要，参孙就是因为被剪掉了七条发辫而失去了超人的能力”。

她的文雅不仅表现在对自己的要求上，有时还要传递给其他人。她不喜欢女性穿着牛仔裤，她觉得这有失体面。她还曾经批评过几个国家的大使，认为他们的穿着过于寒酸。2009 年，在拉加德亲信们的发起下，“贵妇人”协会问世，而拉加德自然而然成了荣誉主席。由于她极其突出的个人风格，有人索性称她为“玛丽·安托瓦内特”[①]。在议会里，她常常被人们问道：“你一枚胸针，大概相当于多少最低工资？”

个人主义的自然延伸便是自由主义，拉加德是这一理念的坚定信奉者，在她看来，自由主义所蕴含的简约、精致和均衡与其自身的为人、工作乃至穿衣的基本哲学是完美一致的。在她刚刚回到法国时，这个国家正面临着严重的油价上涨问题，而由于价格中的 80% 都是税收，所以民众习惯于把责任归咎于政府，这一问题在法国是极其敏感的。在拉加德看来，价格波动与政治事务完全没有挂钩的必

① 18 世纪的奥地利女大公，嫁与法王路易十六，因传奇般的奢华生活而著名。

要，这是极其简单的经济现象，在面对质疑时，她提出的解决方案显得天真烂漫——“在大城市骑自行车出行，差不多和汽车一样快捷，而且会更便宜，这是我的小小乐趣之一”。然而这一回应传递的信号是糟糕的，在民众看来，政府既无视现实的民生，也无意提出切实有效的措施，只能靠大家自力更生来适应所谓的自由主义经济。《巴黎人》随即打出了这样的标题——《拉加德：让我们骑自行车出行》。

随后不久到来的经济危机，迫使法国总统采取了一种更加偏向社会福利、更加亲民的基调，以保护遭到重创的工人阶级。萨科齐重新起用了国家干预主义。在印度参观米塔尔集团的高炉时，萨科齐突然单方面宣布，法国已经准备好承担米塔尔炼钢厂在摩泽尔省的全部或部分滚动资金。他说出这番话的时候，这家全球钢铁巨头刚刚宣布年内将缩减当地的一半工作岗位。当拉加德听到这一消息之后，她立即在 RTL 电台纠正了总统的言辞，并且补充道：

“不能强迫工业家进行投资。”

她对于自由主义的坚守是根深蒂固的，很多时候甚至完全忽略其中蕴含的复杂政治含义。在税制改革中，总统府曾经下达了关于劳动补助收入的裁决，鼓励失业人士多接受工作，而政府将为这一举措提供支持，其中产生的政策花费将从资本利得税中提取。在拉加德看来，这等同于拿富人的钱去救济穷人，首先就缺乏明确的理据。同时，尽管看起来这种举措值得称道，然而受税盾保护的富人纳税人根本就无税可纳，最终成本会被转移给刚好达到门槛有税可纳的中产阶级，而这是任何一个社会里自由主义的中坚力量。在拉加德看来，如果我们创造了价值，并且是通过工作创造的，那么挣大钱本就无可厚非，如果是体系的寄生虫，则不合理。在自由面前，拉加德甘愿背负被指责为权贵阶级的捍卫者，在她看来，富与穷、美与丑都不过是自由的一种样式，就价值而言没什么可批驳的，拉加德的自由洒脱从来如此。

从律师到IMF总裁

拉加德传记的名称有着浓重的成功学气息——《权力与优雅》。遗憾的是，这两个单词中，一个完全不符合实际，一个太过表面化，我们不仅无法从这两个单词的相互渗透中悟出更为深刻的东西，更糟糕的是，它们之中无论哪一个都完全偏离了主题，忽略了拉加德身上最为本正的属性——专业精神。拉加德有27年的年轻时光在贝克·麦肯思律所度过，这里塑造了她几乎全部的看家本领，这种专业精神包括一名律师与生俱来的文案和谈判技能、一名公司董事长习以为常的治理和领导职能，以及一名熟稔于英美文化的社交和外事人员的本领。这些是纯粹属于拉加德本人的，并且是很大程度上区别她和默克尔、朴槿惠等其他女性领导人最为明显的标志。

拉加德的思维逻辑是标准的英美范式，她喜欢从务实的解决方案出发，合理地推导回去，最终回到事情的目的上。这跟浸染于思辨主义哲学的法国正好相反，后者总是习惯于先对问题本身的性状进行研究，而后再考虑解决问题的方案。这种习惯源于她在律所受到的良好训练，既要理解客户的问题，又能理解客户的动机。在金融危机刚刚波及法国的那段时间，对于银行业的资金纾困是稳定一切信心的根本，在各方的利益博弈中，拉加德的谈判能力发挥了极大作用，她成功迫使欧盟、各家银行和政府都做出让步，并在各方底线刚好可能触碰的唯一结点把事情敲定。2008 年第二季度，当拉加德代表法国出任欧洲财政经济理事会主席时，她制定了很多新颖的规矩，还专门制定了一项行为规范清单，提醒各位代表要“准备好辩论要点,发言要短要简明，不要照本宣科，会议期间请勿阅读报刊或使用黑莓手机”等。在清单的最后，她想起了自己在花样游泳队的训练口号——要时刻“保持微笑”。在各方意见达成后，拉加德总是自告奋勇出任总体文件草案的起草者，这是律师的本职工作，然而却是律师以外的职业最为忌惮的工作，这种主动担当总是能够让会议各方极为满意。由于在金融危机期间协调各方利益的优秀表现，拉加德在2009年获得了“年度最佳财长”的荣誉称号，尽管历经了就职初期的无数困境，然而拉加德最终还是走了过来，这个奖项是对于其专业精神的最大认可。

萨科齐本人深切认同拉加德的这项本领。他深切地明白，如果准备在国内施行宽松的财政政策，就必须派一个会说英语的人去布鲁塞尔，在欧盟委员会捍卫法国的立场。在国内，萨科齐常常被媒体讥讽为亲美派，他视拉加德为这一方面的挡箭牌和重要盟友。拉加德曾经回忆道：“希拉克当总统时，由总统本人带头，政府里始终弥漫着一种无处不在的反美主义。每次部长例会，当总统和总理开始发表抨击美国的言论时，我和萨科齐相互交流一个眼神，‘啊，又来了’。”这一点在萨科齐政府不会存在，他某种程度上鄙视德国、英国干预下呆板而低效的欧洲事务，更希望能够同美国建立真诚而直接的沟通渠道，这一切都由拉加德代他完成了。她的成效非常显著，2008 年萨科齐赴美访问期间，小布什与拉加德相谈甚欢，并总是坚持让这位女士而非萨科齐坐在自己的身边。

最有说服力的证据出现在金融危机爆发的当天，雷曼兄弟宣告破产，美国保险集团摇摇欲坠，美国人正在遭遇前所未有的灾难。为了搞清楚事情的状况，萨科齐一整天都在想办法联系美国方面，然而那一天，美国财长亨利·保尔森只接了一个来自国外的电话，它来自拉加德的问询。在律所工作的那段时间，这二人在芝加哥曾经是无话不谈的邻居。这件事情帮助到了拉加德，自此以后，她彻底成为法国经济的国际代言人，没有人敢于再就其专业精神和社交能力质疑什么。

拉加德清楚地知晓自己的性格特质，她了解自己的专业背景、个人主义既可以用来为美好的自由作注，也可以被污化为清高、散漫。几年的财长时光里，她在兢兢业业工作的同时，也在默默地守候属于自己的更好机会。所以当IMF总裁的可能出现在面前时，她毫不犹豫地抓住了它，这不仅意味着越过大洋重新回到美国，而且非政府组织的身份将很大程度上使其远离政治事务。所以尽管法国总统萨科齐曾经雄心勃勃地想提名英国前首相戈登·布朗作为候选人，然而拉加德深切地知道，这是属于自己的机会。在该组织内，欧洲国家享有36%的投票权，美国拥有17%。作为一种相互间意会而成的默契，多年来，美国人一直占据着世界银行总裁的位置，而IMF的领袖则交给欧洲人挑选。作为布雷顿森林体系成立以来第一个提出援助申请的国家，法国长年在这一职位上拥有发言权，曾经先后贡献过4任总裁人选。在法国驻华使馆召开的新闻发布会上，拉加德曾经开心地提及，“赢得法网冠军的中国网球选手李娜在打球时充满了信心，她也很有信心赢得国际货币基金组织总裁一职”。最终，拉加德战胜了墨西哥财长，成功实现了自身政治生活中的又一次华丽转身。

然而，这并非一个容易的差事。IMF 的使命是“促进各国之间的经济合作，避免货币战争与非合作性的经济态度”，它理论上掌控着超过 7000 亿美元的资金规模，拉加德的前任卡恩虽然在个人品德上失去了信誉，但是他抓住了全球金融危机的机会，让 IMF 摆脱了非政府组织正在日益被边缘化的命运。“卡恩是位政治家、经济学家，他会推行自己的观点，”一位密切关注 IMF 的对冲基金经理曾经表示：“而拉加德更像一位董事长。卡恩的方式是自己牵头，让 IMF 跟进，拥有明确的理论指引；而拉加德的方式是更加注重共识和协商，更具包容性、更有条理，会广泛征询意见，最后凝聚成共识。”其中传递的信息很明确，拉加德会成为一位好的非政府组织领导，然而她很有可能由于缺乏专业智识延误 IMF 的改革发展大略。2012 年，曾经在网络广为流传一名前 IMF 高级官员的辞职信，其中的语气怪异、内容隐晦，但暗含的意思相当明确——IMF 在两个关键问题上出现了失误：一是它没有提供独立的理论领导，这一点在欧元区危机上表现得最为明显；二是它没有准备好为下一场全球大危机提供稳定性，IMF对于这次危机的看法追随了欧洲的官方说法，这可能对欧洲乃至全世界造成损害。

这封辞职信揭示了拉加德主政的IMF存在的核心问题。几年时间内，拉加德以及IMF成员国几乎将注意力全部集中在希腊经济上，并且一直深陷于一种决策上的两难：一方面，当借款方出现违约，贷款方通常承担着一些罪责——为什么要借钱给希腊？IMF的主要工作是进行政策建议并帮助缺少外汇储备的国家，在他们发生经常账户赤字或突如其来的资本外流时提供资金。但希腊的问题是，其负债累累的政府不是缺外汇，而是缺钱。IMF甚至没有能力质疑其官方账户是否被操纵，这本应该由欧盟的统计机构密切关注。IMF执行董事会中的巴西代表保罗·巴蒂斯塔，一直以来都在质疑希腊援救计划的可持续性。他曾经告诉英国《金融时报》，希腊事件是拉加德表明自己独立于欧洲之外的一个机会，拉加德几乎是立即将这一观点斥为“无稽之谈”。不管怎样，希腊违约是不争的事实，更深入地卷入其中必将深刻地破坏IMF的可信性。

另一方面，IMF缺乏妥善离场的合适台阶。长时间以来，IMF一直紧紧跟随着欧盟的意愿，要求希腊政府按照约定施行强力改革，然而这种改革更像是一种道义绑架，究其实质到底能够带来什么呢？质疑声音一直认为，希腊目前的境遇更接近于1998年的印尼，当时IMF开始怀疑苏哈托或许不再打算履行前一年同意的改革方案，IMF总裁亲自飞往雅加达强迫印尼公开承诺履行修改后的协议。然而在这以后，事情开始陷入灾难，印尼经济不断恶化，IMF随即停止拨款，印尼盾立即跌至危机前水平的1/6，当年印尼经济缩水13%，苏哈托在耻辱中下台。花了6年时间、历经了4位总统，印尼经济才重新恢复稳定。在他们看来，这也许预示着希腊的未来。

据IMF的最新计算，“2020年希腊公共负债将达 GDP 的 170%，并在 2022 年之后暴增，至 2060 年或许将达到 GDP 的 275%。这样的情形下，即使落实改革政策，希腊也无法摆脱债务问题。欧元区国家必须对希腊大幅减债，否则希腊将难以为继”。而减债问题很自然遭到了德国等国的强烈反对，IMF 在这一问题上无法持强硬立场，只能不断督促欧盟在国家内部展开协商。

在这场耗时良久的希腊纾困联合行动中，IMF 是出资较少的一方，它获得的影响力可能不如单独纾困时那么大。在“三驾马车”中的另外两个成员内部和三者之间爆发公开争吵时，IMF 往往只能怀着强烈的挫败感在一旁看着，并小心而艰难地维持一个平衡：一方面拉加德要捍卫她如今掌管的组织的廉正性，另一方面要为她刚刚离开的欧洲抵御迫在眉睫的灾难。2017 年 7 月，希腊还需要再偿还欧洲央行 80 亿欧元的资金，如果届时希腊的救助计划失败，那么将会引发欧元区新一轮的危机。

IMF 的另外一项问题在于其体质性改革。早在竞选之时，拉加德就曾经深入发展中国家进行游说，甚至一个月之内两次和李克强总理见面，并保证发达国家将逐渐让出部分投票权，发展中国家也将获得理事会的更多席位。多年以来，IMF 的改革步伐让发展中国家失望，土耳其总理埃尔多安 2016 年在“土耳其—非洲”经济商务论坛开幕式的发言中曾经提到：“你想发展本国经济，从世界银行和国际货币基金组织获得贷款是唯一途径。这样的全球化是新形式的殖民主义和奴役。这是试图把镣铐加到经济、工业、政治体制和思想上。我们拒绝这种成为殖民地和二等公民的提议。”

伴随着亚投行的诞生，IMF 和世行被边缘化的风险已经非常明显。在哈佛大学前校长拉里 · 萨默斯看来，亚投行的诞生与 IMF 的改革僵局有关，这是用来说明机能失调的美国执政精英阶层未能接受中国日益增长的经济影响的绝佳例证。第一时间，中国明确表态将主动放弃亚投行的否决权，这种民主决策的姿态让西方世界看到了新的态度，要知道，美国在 IMF 和世界银行中虽然只有不到 20% 的投票权股份，但却主导了过去的部分重大决策，这种做法多年来一直遭到世界其他国家的批评。尽管资金体量还没有办法媲美，但拉加德已经感受到了挑战。

与此同时，美国总统特朗普上台以来，全球主义的理念正在为孤立主义和国家主义所驱赶，主要大国对于国际义务的承载不时体现出明显的拒斥，国际社会随时可能陷入金德尔伯格陷阱①。在这样的意义下，非国家行为体的作用变得前所未有的急需。现在是最好的时候，塔皮的案子已经彻底远去，希腊暂时还在可控制范围之内，长时间以来持续缠绕拉加德的事务正处于安静的状态。第二个任期刚刚开启，对于拉加德而言，是时候鼓足勇气重新拾起在律所时心底那份单纯的理想主义，为 IMF 带来更多的改革，为这个世界担负更多的公共义务，为疾

① 金德尔伯格通过对“大萧条”和“二战”爆发之间国际体系的考察发现，由于主要领导国家缺乏提供公共物品的意愿，最终导致了这场巨大的灾难。

苦中的人们带来更多的安抚与慰藉。

在欧洲，拉加德是一名美国人，在刚入主财政部的那段时间，她的办公桌上总是摆着一本《圣经》，这是典型的美国习俗，在这里多少显得有些突兀。在街头竞选、议会吵架、暗中算计的政治实践中，拉加德看起来是一名来自于旧时代的人，她看起来对上述事务缺乏一种起码的先天本能，她对于政治的热情总是不时干涸，远不如对于文字、运动和服饰来得那般畅快。她拒斥政治本身，即便是这半年法国大选如火如荼地上演，拉加德也从未积极参与，她有意识地远离老领导菲永，远离对马克龙中间路线的关注，远离梅朗雄在街头巷尾山呼海啸般的群众运动，她选择非政府组织就是因为某种程度上可以远离那些污秽不堪的政治事务，有一片高贵与文雅可以安放自身的理想主义，IMF 是她最好的归宿。

拉加德不是一名合格的国务家，她从未做好准备担负来自欧陆中心部分的政治艰辛，然而她以自己的方式接触并影响这片陆地，她的核心关切和忧虑一直在其上空缠绕，从未离开。很多次接受采访时，拉加德总会习惯性地讲到同一个故事，她说多年以来最让自己难以忘怀的，是约旦境内难民营的一次访问。她将永远记得一位叙利亚女士是怎样深情地握住她的手："你能够帮我重建我的国家吗？"拉加德被这个问题打动了，她意识到自己肩负的责任从来不比国家领导人少些什么。

很长时间以来，人们习惯于把女性安排在非国家组织的领袖位置，作为一种标签性的政治恩惠。拉加德从未满足于此，她在法国财长的任上就能够做到最好，她相信在 IMF 也可以。现在她正在向着自己人生的第二座高峰迈去，她所拥有的不过是自己身上那些看起来隶属于旧时代的美好德行，但这已经足够。正如在连任 IMF 总裁时《大西洋月刊》的一则寄语，"整个世界正在陷入一次转折前的混沌……我们需要清新之风"。

冰冷的白色女权

“每个男人都在寻找自己丢失的那根肋骨，
而 Underwood 恰好找到了 Claire，
他们合二为一，成为一个完整的人。”

——知乎《〈纸牌屋〉中的 Claire Underwood
为什么频繁受到男士的肯定？》

2017年5月1日，Netflix放出了《纸牌屋》第五季的预告片，剧情是这样被展示的，“2016年、2020年、2024年、2028年、2032年、2036年”。Frank以其独有的音线质感缓缓读出这几个数字，并轻倚在椭圆形办公室的桌子旁眺望着远方：“只有一个共和国，安德伍德。”（One Nation, Underwood.）

预告片不会交代这样恐怖的独裁是如何实现的，但我们至少可以猜测，其中的某个或者几个Underwood或许属于Claire Underwood。在现实世界，女性遭遇了太多挫折，这一篇让我们转入虚拟空间，尝试从Claire的视角建构一份理性而冰冷的政治生活。

第四季末段，Claire在得州的旧屋寄居许久。

全戏到目前为止，除了在 Adam 工作室的一周贪欢，这是 Claire 最为安静的一段时日。

她在沉思。

目之所及，是三季都未曾出现过的母亲，以一种复杂而冰冷的双边关系尴尬维系；心之所向，是几个摇摆州的选情，在其背后，是与 Underwood 更为深刻的心灵纠缠。这是 Claire 对 Underwood 的复杂情感在历经了帮助、算计、拒斥、背叛、孤独、驯化、控制与服从的多重故事之后，Claire 做出的第一次长思。最终，她决定起身离开。

临走之前的最后一幕，第四季首次出现的黑尔夫人（Elizabeth Hale）交代了对女儿的遗言，她要求女儿在胜选典礼上一定要穿黑色的礼服裙，在她看来，Claire 穿不了白色。下一幕，Claire 转眼把自己裹在经典的白色映像里露出笑容向全场选民挥手致意。

这是母亲的最后一句话，然而这也就是她和母亲的全部关系。

我喜爱铁血，但我更热爱火焰

Claire 出生在美国得克萨斯州达拉斯市，在美国的政治生态里，这本就是一个不值提及的，在东部高贵人士看来甚至缺乏教养的中等城市。肯尼迪被刺后，这里简直成了罪恶与污秽的代名词。这部分解释了为何 Claire 在很长的时间内，从未主动提过自己生长的地方。如果不是因为忽然迷失方向，在 Underwood 和 Adam 这两个家都无法容身的情况下，或许黑尔夫人完全不需要登场。

这是 Claire 真正的家。

尽管剧情没有交代具体背景，然而从种种信息来看，这个家庭在当地颇有名望。Claire 的父亲曾经拥有大片的农场，她的母亲黑尔夫人的首饰样样精致，举手投足颇有富贵相。在一场由其召集的聚会里，几位年长但饱含英国上流社会遗风的老妇人甚至体现出了令人窒息的政治参与能力，她们最终决定集资支持 Claire 自立门户干掉她正在担任总统的丈夫，其家族的政治能力可见一斑。

从黑尔夫人的身上，我们找到了 Claire 女权主义的根源。第一场见面的戏里，庄园里大部分房间的家具都盖着白布，暗示着这个房间的主人气若游丝、极少活动。Claire 走到母亲的房间门前，鼓起勇气敲响房门。黑尔夫人默默坐在房间里，倾听着房间外的声音却没有做声，而后脚步声逐渐远去，镜头一瞥，黑尔夫人心情复杂。

第二天，黑尔夫人冷冷地说出了第一句台词，“你回家必须跟我打招呼，不然就不能来”——母女之间的关系是从冰点缓慢攀升的。因为 Tom 的存在，黑尔夫人在人生的最后时日体验到了些许家庭的幸福感——一种 Underwood 无法带来的真诚与教养。而在发现母亲由于身患绝症，每日佩戴的原来都是假发之后，Claire 即刻崩溃，她猛地把头扭向一旁，这是她在全戏中第二次哭泣。引发其流泪的原因很简单，她看到了一生高贵冷艳的母亲如此不堪的时刻。然而，即便是这样极为罕见的人性流露仍然没有吓到黑尔夫人，她没有激动，只是坐立不安地问道："你这样哭是为了我，还是为了你自己？"其为人冰冷，较之Claire只会更甚。

Claire在全剧中句句言辞锋利，黑尔夫人是唯一一个能够在她面前讲上话的人。黑尔夫人是一个将全部合法性只建立在自己身上的女性，她的眼里从未包含别人，这解释了她的女儿为什么如此独立。自投身政坛以来，母亲患病也不会多问一句。即便丈夫已然成功，也从不会视Underwood的成就为自己的成就。

在这样的家庭里长大是无穷冰冷的。价值正确超越了应有的情感温度，竞逐荣誉超越了一切生活习常，发尖必须要整齐，后背必须要挺直，步伐必须要坚定，表情永远要落落大方，谈吐必须简洁干脆、掷地有声。一次谈话中，Claire曾经告诉Adam，"小的时候，我的母亲总是说我愁眉苦脸，她要我总是微笑，要我知道礼仪，她从来不在乎我内心想什么，我需要什么”。

“我喜欢铁血，但我更热爱火焰”（I like irons, but I love fire）——Claire 的经典台词。在遇见 Underwood 以后，Claire 找到了她所需要的东西。没有什么比 Underwood 求婚时的对白更能够揭示这一切。在 Adam 的工作室里，Claire 在谈及这个故事时，重新燃起了政治的欲望之火。

“你知道，Francis 向我求婚时说了什么吗？他说的每一个字我都记得。他说：‘Claire，如果你只想要幸福，那么，拒绝我。我不会和你生一堆孩子，然后数着日子等退休。我保证你免受这些痛苦，也永远不会无聊。’他是唯一一个这样说的人。你知道，有很多人向我求婚，但他是唯一一个懂我的。他没把我看作什么女神，他知道我不想接受崇拜或者溺爱。于是他拉起我的手，为我戴上了戒指。因为他知道，我会答应的。”

稍早的时候，Adam 还曾与她在路上散步。用摄影机随意拍到路边一个女孩的时候，Adam 问 Claire 到底想要什么,被关注吗？Claire 的回答是,“远远多于被关注，我想要被看到，我要举足轻重”。这些话让 Adam 彻底绝望了，他深切地知道 Claire 所指的关注从来都不只是自己手中的那一只闪光灯，而是，很多只闪光灯。

只有政治能够满足她。对于很多政客而言，汲汲一生的合法性就在于权势所引发的关注对于其自恋心理的极大抚慰。美国总统特朗普就曾在采访时坦承自己“需要全世界的关注和全世界的拥抱，这是生命中的不竭动力”。为了说明这一点，他还特意描述了自己走进一个巨大的房间，看着人群簇拥自己时的感觉，“我像是一块磁铁，把周围的一切都吸引过来了”。有人问他:“这会让你感到焦躁吗？”“不，不会，我想如果不是这样的话，我才会感到焦躁。”

只有 Underwood 能够给予这份力量。是他牵着她去探寻政治世界复杂而艰辛的重重景深，开启了他们之间远远超越夫妻关系的政治生活。截至目前，我们或许看到过很多对于这两个人关系的解读，但是不得不说，我看到的最好的一句就在下面。

“每个男人都在寻找自己丢失的那根肋骨，而Underwood恰好找到了Claire，他们合二为一，成为一个完整的人。”

如果我们回到伊甸园的故事，我们或许会发现，夏娃引导亚当去贪恋苹果这一事件深刻地揭示，男性在创世之初的第一个行为选择，就是“跟随女人（Follow Woman）”。用Underwood自己的话说，“人们怎么会对自己的女人说不？”（How could a man say no to his own wife?）

Underwood的背后永远有着Claire的身影。他是如此的强势而富于攻击性，但是当看到他在发现自己被沃克总统欺骗，没有得到应有的位置，当天回到家进门时的懦弱，Claire失望透了。她第一次对Underwood的行为作出引导，她告诉已经把自己一生赌注都倾注的这个人，愤怒远比失望重要，自己的丈夫从来不道歉，即便是对她自己。在上楼时，她如愿听到了下面传来的玻璃破碎的声音。

当得知即将被授予勋章的将军是当年强奸Claire的人时，Underwood罕见地暴怒了，甚至要放弃授勋与对方正面较量。Claire狠狠地把他抱住，嘱咐他要以大局为重。当天深夜，Claire再字字句句将当年被侵犯的细节逐个说出，小心地激发Underwood心中的怒气，并鼓励他采用有效的措施将对方干掉。

当Underwood失去了沃克总统的信任，大战略行之步步艰辛，Claire从健身器材上站了起来，几乎是恶狠狠地教训道："总统不听你的话，你就把自己的心挖出来，捧到他面前给他！"这种醍醐般的咒骂起到了作用，受到启发的Underwood搬出父亲留给他的打字机，运用毕生的全部政治教养写下了那封虚伪至极而又情真意切的信，并最终挽回全局。

在最为痛苦的时刻到来的时候，当Underwood确信自己无法再撑过议会的集体逼宫，毫无力量地瘫死在客厅角落时，Claire没有像以往一样以言语训斥，而是默默解开衣带对着Underwood的阳物坐了上去，以原始的欲望之名，唤醒 Underwood 已经沉死的男性能量。

这是伟大的政治教育。

一切最终降临。当 Underwood 身承众人的恭喜即将进入总统办公室的那一刻，她却拒绝了与他一同进门的邀请。他们第一次共同出现在窗台下的时候，曾说过这将是两个人共同的努力，而到了最后一刻，她做出了伟大的节制，她深切地知道，政治是男人的游戏，应该让 Underwood 自己先行馨享这无限的荣光。

从这个意义上来讲，Claire 是合格的，她拥有伟大的政务家所需要的一切品质，自私但颇勇敢、坚定且从不退缩、冰冷而富有动能。Underwood 恐怖的政治操控的背后，其实常常流露出人性的一面，有时甚至过于温暖，有时甚至会动真感情。在 Claire 看来，那些不值得怜惜的个体情感是巨大的灾难，她的使命就是监督在 Underwood 身边，把他身上所有的习俗之物一点点挤干，以自己毕生瘦削而惨白的冰冷打造一个成功而政治丰满的 Underwood。

麦克白夫人的柔软与孤寂

接下来的部分让我们暂时远离这些彻骨的寒意。在女性的政治视域里，尔虞我诈、彼此攻讦的生活并非来自性别的本能，而常常只是一种被迫的必须。再干涸的理性也会在心底伏有情感和爱欲，再冰冷的心灵也会在角落留有细腻与温润，即便是 Claire，即便给予了她机械现实主义的可怕人设，我们仍能从其眼神读出几分独属于女性的繁复，从其标志性的穿着感知独属于女性的美好。

让我们走进 Claire 生活的另一部分。

回到全文的最初，黑尔夫人用临终赠言嘱咐 Claire 第二天的穿着，对于很多女性而言，不会雕饰很有可能会被视为“第一原罪”。而“一定要穿黑色的礼服裙，而非白色”，是因为通常来讲，白色更容易放大缺点，黑色比白色更能压住哪怕是腹部的一点微胖。

Claire 是一名身高 168 厘米，体重高达 120 斤的大号美女，从她在全剧中的穿着来看，黑白灰是基本色调，这种通常被称为“Power Suit”的穿法在政治世界里绝对政治正确，也最为安全。

在《纸牌屋》开拍时，导演与第一季的服装师 Tom Broecker 一起设计了 Claire 的造型，“我不想要一个很传统的政客妻子造型，顶着一个新闻女主播的发型。我也不想让她太过挑衅，或者是打性感牌。我们心目中其实没有一个参考的形象，我只是想让她看起来是一位现代政客”。

Claire 将很容易做到这一点。导演为她选择了短发，发端永远整齐有序；设计师经常让她露出锁骨，锐利的一字领和那冰冷的眼神完全相称，他们骄傲地将这领口和肩部称为“冰冷肩部”；各式各样的 100% 丝制衬衣和羊绒衫直接贴身穿，皮肤触感极佳；几件 A 字连衣裙和双排扣套装，中性与力量得到了精确的控制与平衡，绝对不出位，也绝不会沉闷。按照第三、四季造型师 Kemal Harris 的解释，“Claire 的造型重点是在服装遮盖度高的情况下，显示出优雅的女性气质”。

如果再细致些观察，或许我们会有更多的收获。比如 Claire 的所有穿着都是经典而保守的美式穿法，绝非刻意追逐时尚。从品牌上来看，Calvin Klein、Theory、Ralph Lauren 等，个个都是城市中产阶级喜爱的品牌，当然，也是华盛顿能够买到的品牌（这个城市是如此的肮脏而缺乏美感，连时尚的服装品牌都极其有限）。Claire 会不时选择用廉价的 J. Crew 和 Banana Republic 混搭很多大牌，这在东北部的学院派是极其受欢迎的穿法（米歇尔·奥巴马就经常使用这一套路）。她的手表是 Cartier 的 Tank Watch，这在很长时间以来一直被视为中产阶级雅皮士的首选；礼服是 Ralph Lauren 的垂感极佳的丝绸晚裙，这样的搭配在宴会上让 Petrov 欲罢不能；而内衣，在 Adam 的工作室里，当 Claire 唯一一次展露自己光泽的胴体，小心地躲藏在极其保守的全包围黑色内衣里。那一瞬，灵魂一向自由开放的 Adam 应该会觉得些许无趣，他所期待的或许会是一条蕾丝秀丽、大胆张狂的 Agent Provocateur，而在政治世界，这太过危险。

身为第一夫人，当然不能太过浮夸，保守而高贵自然是第一要务。Claire 还算节俭，一双经典的红底 Louboutin 被 Claire 从第一季一直穿到现在，很长时间以来，她只有两双 Louboutin 和一双 Jimmy Choo 换着穿。一个 YSL 的 Sac de Jour 拎了整个第四季，连国务卿女士都知道佩戴一条极其华丽的 Mikimoto 项链，而 Claire 的颈部和耳根通常只是一些极其简单的珍珠佩饰。

伴随着几季以来 Claire 的地位变化，导演悄悄地为她的服饰升了格。尽管还是一样的剪裁和设计理念，但是在后两季，The Row 逐渐取代了 Theory，One Piece 的裙子出现了 Alexander Macqueen，而西装则由 Michael Kors 升级为 Dolce & Gabbana。

最为出彩的是与 Underwood 的搭配，在几次最为重要的两人同框里，Claire 的穿着都极为合体。在最为重要的总统的定妆照里，Claire 身着淡蓝色套装，配上 Underwood 的淡蓝色领带，情感流露尽在微妙之间。这是美国政治家庭的经典套路，在希拉里的败选演讲中，克林顿也选择了绛紫色的领带搭配希拉里的套装，而与大选辩论时纯白与正红色的强势套装不同，深郁的绛紫色通常隐喻了暗藏的失败，所谓服饰的政治含义有时不过如此。正如 Tom Broecker 所说的那样，“Claire 的衣服是她的武装，也是她的盾牌。她是当今时代的麦克白夫人”。

服饰学问简单至此。接下来让我们看一看 Claire 的人性柔软。作为全剧中最为戏剧化的角色，高度的政治欲望使得这个人物难以贴合真实。她的人性流露是那样少，她的笑容太过标签化，以至于我们很少看到她自然而随性的情感表达。然而，至少在目前，我们不能把话全部说死，我们更愿意去主动寻找她充满人性的短暂瞬间，我们倾向于相信她仍然是善良的。

如果你也有注意，她的眼神常常会停留在一个地方很久。在只有一个人的客厅、在母亲的床前、在 Adam 的工作室、在 Tom 的身边，Claire 的软弱来自人性意义上的自然欲求，一种终究无法摆脱另一种性别的渴慕。而这背后，则是无限的孤独。

当凝视发生时，你便软弱。

Underwood 从来没有关注过 Claire 的人性世界，在他看来，这是一个比他还要理性的个体，情感之事无需抚慰。即便是 Claire 真正离开他去找 Adam，Underwood 都没有丝毫体现出自尊心上的挫败，因为在他看来，这或许只是简单的肉欲之需，很大程度上，他对于 Zoe 就是如此。他没有办法注意到 Claire 在第一季尚未成熟时反复暗涌的情感需求。

因为孤独，她会提前到客厅等候 Underwood 回来；因为孤独，她在深夜时会忍不住打电话给 Adam 留言；因为孤独，她在深夜独自学会折纸鹤；因为孤独，她甚至开始想要一个孩子，甚至开始思考自己一直坚持的人生信条到底有没有意义。她做出的牺牲越来越大，给 Adam 打电话的次数越来越多，陷入的孤独也就越来越深。遗憾的是，这些人性的镜像，Underwood 都无法感知。

第一季的 Claire 的确是足够软弱。她会俯身给门口的乞丐放钱；她会在挂掉总统夫人的电话后，偷偷抹去眼泪；她甚至会由于在墓地里被人指责而十分惊慌，并把它当成一个巨大的心灵事件，在只谈论政务的窗台边严肃地与 Underwood 提起。而后她还曾悄悄回去，看看自己是不是真正做错了什么。墓地旁厮混的青年男女点破了 Claire 心底的隐喻——理性的诸神终将冲突，一切命途毫无定数。

伴随着 Claire 的政治成熟，在后面几季里，这样的时刻愈来愈少。在联合国大使的议会质询上，Claire 处处被动，但毕竟没有失态；Underwood 被刺，Claire 更是从始至终安静异常，从未渗透出哪怕一分一毫的悲伤。即便是在竞选不利的巨大压力面前，Claire 也是安静地说自己需要暂时离开 Underwood，一如往日的冰冷。

或许只有一次，当 Claire 忽然听到有关自己的艳照事件爆出，第一时间真的惊慌了。编剧没有选择让她冷静应对，而是少有地安排了一次慌乱。这是对的，风月之事是女性最为表象的心理防线，然而也是最为根本的。“你可以说我不优秀，但不能说我不美”或许是这个星球上绝大部分女性的逻辑。艳照这种事，有一个这样的反应，反而显得可爱而真实。最终，Underwood 的安抚让 Claire 镇定不少，可是 Claire 还是半开玩笑式地同他说，“我倒希望你不是那么冷静”。片刻后却又自嘲道，“算了，我们俩何必浪费这种精力”——政治的理性最终还是重新驱逐了无用的个体情感。

最后，当 Claire 已经步入人挡杀人、佛挡杀佛的冷酷，当一切习俗之物再也无法产生诱惑，编剧再次将一切升腾。当藏传佛教的几个喇嘛出现在自己的家里，日复一日耕耘着同样一件事情的时候，Claire 那种停留在一隅的眼神再次出现，并且是全剧中最长的几次出现，紧紧盯着楼梯下面的星盘。Claire 被深深地打动了，很久以来，第一次有一种深刻而丰满的价值判断毫无障碍地穿过了她机械式的个人伦理，平静的画面背后是丰盈的个体情感所带来的巨大冲击，在一切人性之事全部被无情压制的时候，最终能够触碰到她的或许还是宗教传递给我们的伟大精神的奴役感。

Claire 的个体情感，历经了习常的生活琐事、风月之事，到最后的宗教教化，是一个完整升华的柔软存在。经过了这一过程的洗礼，她便真正可以脱身于性别带给她的极大束缚，真正走向政治本身。

虚拟世界的国务家之路

Claire 本可以成为一名极好的第一夫人，这个角色要求的所有标签意象她应有尽有。她是一名环保领域 NGO 的负责人，在价值上守卫着这个星球上无比珍贵的水资源，她的团队放眼望去皆是独立、优秀、教养极佳而富有责任心的女性，在标签政治高于一切的民主党，这是一份再好不过的简历。如果一切就这样保持下去，Underwood 从来就不用担心他在女性选民、环保主义者和学生群体中的支持率，她永远光彩熠熠，她的行为举止是那样得体，这位夫人为他增色太多了。

在美国，第一夫人是一个极其重要的政治角色。她不是总统身边简单的花瓶，而是总统人格和政治以外世界的重要延伸，是总统所有缺点和不足之处的重要补集。通过参与、主导公共活动和公共事务，第一夫人通常有着独特的话语权，有着绝对的至高无上的道德地位。埃莉诺·罗斯福因其对人权的关注而著名，伯德·约翰逊偏爱于保护环境，帕特·尼克松致力于推动志愿服务，贝蒂·福特是女权的坚定支持者，罗莎琳·卡特在短暂的 4 年任内多次关心心理类疾病的发展，南希·里根的一生则为禁毒事业做出不小的贡献。可以说，某种意义上，第一夫人的存在就是为了完成她丈夫所不适合参与的议题，从而与她们的丈夫一起构成一幅刚柔相济、琴瑟和谐的第一家庭形象。

当然，这种映像从来也不绝对。第一夫人的角色怎样扮演，关键还是看这些夫人们对于政治的兴趣和热度。著名的杰奎琳·肯尼迪在性格和外貌上与第四季共和党候选人 Conway 的小可爱妻子完全一样，对于她的人物设定而言，花瓶逻辑其实足够了。而芭芭拉·布什则与其丈夫分享着几乎完全一样的性格，木讷少语、贤良淑德，不理政事，20 岁就和老布什结婚，一直以“平生只吻过自己的丈夫”而自豪，这样也没什么不好。玛米·艾森豪威尔的口头禅是“上帝给一个女人最好的礼物就是成为一个妻子”。当然，也注定会有积极参与政务的，比如贝蒂·福特常常吹“枕边风”说服丈夫听取自己的意见。福特总统也曾经承认，夫人经常能够如愿以偿。甚至在极其重大的事情上，比如是否赦免尼克松的问题上，贝蒂的意见还曾经起到了关键性的作用。从行政机构上来看，卡罗琳·哈里森开创了美国历史上第一个“第一夫人办公室”，她的社交助理成为了美国历史上第一个专门服务于总统夫人的工作人员。而到了肯尼迪政府时期，杰奎琳·肯尼迪已经拥有了一个四十多名雇员的“第一夫人办公室”，并在白宫进行办公。

当然，这一切努力的最高巅峰最终体现在了希拉里·克林顿身上。她是如此强势，在很长的时间内坚决不遵从于传统将自己的名字跟随夫姓，直到受到极其广泛的政治攻击，甚至已经耽误到克林顿的竞选，才最终被迫做出退让[①]。她选择了在克林顿入主白宫后辅助政事，并牵头负责了国家医保改革和儿童健康保险项目，然而成效并不是很好，在这些工作演变成一场灾难之前，克林顿调离了她。她在刚来到华盛顿的时候受到了异常粗鲁的欢迎和批评，相当一部分人认为是她把堕胎、女权主义和同性恋

① 相反，Claire 从一开始就坚决忤逆母亲的要求，去掉了自己姓名中彰显自己出身的“黑尔”两个字。

的权力变成一个导致两极分化的问题，南方的保守党人甚至将她视为美国政治中所有错误的典范。然而随后的一切证明，希拉里对于自己的能力和信心的把握是足够的，她以自己的勇敢铺就了一条所有女性政治家将赖以遵循的政治前行的道路。

Claire 深深受益于这样的教养和努力，所有人都看得到，她希望自己能够成为虚幻世界里的希拉里。然而戏剧终究是戏剧，她距离真实世界的政治成功还有太远的跋涉，既有取得的很多成就太过理想化，即将要达成的很多目标简直不可能被触及。

首先，Claire 看上了联合国大使。这一眼光是如此的毒辣，以至于连 Underwood 的重要盟友 Durant 都连连摇头。要知道，自奥尔布赖特和苏珊·赖斯等女性担任过这一职位以来，州议员——联合国大使——国家事务安全助理——国务卿——总统这条向上竞逐的道路屡试不爽。这块肥肉是如此的具有诱惑力，Claire 的第一口咬下去就显得如此欲望十足。

表面上，美国常驻联合国代表与美国驻别国大使一样，都是特命全权大使，由总统提名，经过参议院确认方获任命。但实际上，美国常驻联合国代表的地位要远远高出美国驻其他国家大使，这是由美国与联合国的关系以及美国在联合国的地位决定的。美国常驻联合国代表有其他大使所不具备的级别和权限，自福特总统以来，除了布什父子以外，所有总统无一例外都给予了美国常驻联合国代表内阁阁员的职级和待遇。因为特殊的职务级别和权限，美国常驻联合国代表成为外交系统中重要的职务晋升通道：老布什曾于 1971—1973 年担任这一职务，并在随后被派往中国，成为中美邦交正常化期间美国驻华代表处的负责人，这段经历也成为他日后竞选总统的重要资本。奥尔布赖特曾经在克林顿第一任期担任常驻联合国代表，并凭借对波斯尼亚危机和科索沃危机的强势态度在联合国大放异彩，并在克林顿第二任期成功晋升为美国历史上第一位女国务卿。

然而，这一职位是需要极其丰厚的外交养分才可以企及的。奥巴马第一任期的常驻联合国代表苏珊·赖斯，在成为常驻代表前也曾经在多个情报机构和国际组织任职，其他代表也大多有国会参众两院外事委员会或情报委员会的履历，或是担任过州长等重要职务。联合国70年的岁月中，有超过一半的时间笼罩在冷战的阴云下，丰富的外交经验以及与其他国家外交官的私交是极其必要的——与他们相比，Claire 的履历简直不值一提。这也不难解释 Claire 在俄罗斯面对 Petrov 的时候情绪激动所导致的巨大外交事故，在参议院的听证中其所受到的嘲讽毫不为过，她微薄的国务认知远不足以担负这一职位所需要的复杂能力。

其次，Claire 想要竞逐得州一个选区的众议员代表资格，并继而成为副总统。然而事实上，在基层选区竞逐需要极大的政治资本和苦心经营，其逻辑不同于总统大选，这主要是由于众议员的一项主要工作就是通过争取联邦政府的资金和项目，为自己所在的选区创造就业，因此必须紧紧扎根于选区做出实实在在的成绩，而非单靠纵横捭阖的演讲就可以达到目的。第一季中，Russell 的法案就是为了给一个船舶制造的选区带来就业机会，一旦没能完成选民的政治要求，是根本无法在选区立足的，Russell 的下场就是明证。

目前，美国国会共有众议员 435 位，按各州人口比例分配到 50 个州。每位众议员都有一个属于自己的选区。以得州为例，该州目前有 36 位国会众议员，而本次 Claire 想竞选的第 30 选区，位于达拉斯一带，也即她的 home state。但仅仅是如此，丝毫无助于其战胜该选区老议员的女儿，她的家族世代在这片土地上耕耘，从肤色到举止在当地的政治生态下都是绝对的政治正确，Claire 白白嫩嫩，为人一幅华盛顿风骨，根本不可能当选。

还是 Underwood 老奸巨猾，在通过国情咨文的公开场合彻底按死 Claire 的竞选野心后，他一步步地通过巧妙的选举造势和利益交换，甚至对 Durant

使出了人身恐吓，最终帮助 Claire 直接拿到了作为竞选伙伴竞逐副总统的资格。这是 Claire 所梦寐以求的，但也是按照常理绝对不可能的，美国历史上从未出现过总统和副总统开夫妻店的先例。但不管怎样，这是虚拟世界，Claire 做到了。

最后，按照从第三季以来就开始被广泛期待的推论，Claire 终有一天是一定要去竞逐总统宝座的，不管科学不科学，这场大戏是一定会到来的。尽管她几乎从未有过政府实职部门的任职经历，尽管她所经手的外交事件几乎均以灾难或是惊险的侥幸告终，尽管她从未独立参加过一次哪怕是最为真实的竞选，尽管她空有一副国务家的面相和笑容。

然而她是 Claire，剧情赐予她的人设冰冷无比，她可以做到自己所欲求之事，一定可以。还记得在 Underwood 决心搞垮 Tusk 时，她是怎么说的吗？“以牙还牙还不够，要加倍偿还。”正如 Underwood 忍不住对着镜头所言，“那种冷漠狠毒如沙漠之蛇般的眼神，让他自豪，又让他害怕”。

他当然应该害怕。在伟大而强烈的政治欲望面前，一切都有可能发生。麦克白夫人终将摒弃自己身上所不应有的感性和柔软，一把甩掉Underwood在过去的政治路引中带给她的精神奴役，现实世界的希拉里悲剧很有可能在虚拟世界得到弥补，我们期待着以一种戏剧化的表现方式“意淫”在现实生活中没有满足的人生。

后记
——或将迟来的“她世纪”

20 世纪 80 年代，当撒切尔夫人在其执政顶峰时，大英帝国曾经流传过这样一个笑话——

一个女孩问男孩：“你长大后想做什么？”

男孩说：“当首相。”

女孩很吃惊：“男人也能当首相吗？”

笑话虽然夸张，但是反映了民众对于前任詹姆斯·卡拉汉政府高度干预下经济滞缓不前、工人罢工、社会混乱的极大不满。在撒切尔的三届政府治下，英国的通货膨胀率由 1975 年的 27% 降至 1986 年的 2.5%。在撒切尔的第三个任期时，英国自 50 年代以来的财政赤字终于转为盈余，这是伟大的成就。

2002 年评选的“最伟大的 100 名英国人”中，撒切尔名列第 16 位，是在世的人物中排名最靠前的一位。然而，由于退位后仍然“垂帘听政”，撒切尔使得保守党四分五裂，给英国政坛带来了持久性的负面影响,2003 年评选的“最坏的 100 名英国人”中，她也曾名列第 3 名。

撒切尔是足够敏感的，她曾说过，“在我有生之年，英国不会出现女性首相”。她说的对极了，她去世后三年，第二位女性首相特雷莎 · 梅才刚刚当选。她很明白自己在英国政坛出现的时机、发挥的作用和带来的影响，她知道自己所代表的女性领导映像必须并且只能成为历史的一瞬，忽而升起，而后迅速湮灭散去，此后许久都不能再有类似的情况。事实证明，在撒切尔的时代，她的确是孤独的。

在写作本书的后记部分的时候，我们也曾像笑话里的小姑娘一样乐观，彼时特雷莎 · 梅风头正劲，拉加德的连任几乎不会遭遇任何意外，整个德国又要重新经历一届无聊透顶的默克尔政府。而在美国，共和党正在因刚刚选出的总统候选人特朗普深陷绝望，他们几乎已经断定希拉里会获得大胜，很多人放弃了希望。我们很开心地写到，不会再有孤独的女性国务家，这大抵应该是一个“她世纪”。这以后不到一年的时间内，现实一次次让人大跌眼镜。希拉里缄默不语，拉加德在历经法庭辩论和信任危机之后最终勉力涉险过关，而余下的几位女性国务家的命途仍在跌宕。

在英国，伦敦短短两个月的时间内接连遭遇恐怖袭击，在第一次事件发生之后，特雷莎·梅还能够淡定地表示“我们的价值观终会胜出……数百万人将继续过他们的正常生活……伦敦是这个星球上最伟大的城市”。她知道，首相自信的表态能够让市民们感到宽慰，人们在威斯敏斯特宫附近的酒吧谈笑如常，在门口的车站搭公共汽车回家，议会的Twitter上只留了一句话——“明天照常上班”。然而，当事情接二连三地出现，特雷莎·梅在历经了几次从安全通道的仓皇逃难之后最终意识到了问题的严重性，她深知自己未经选举获得的合法性支撑不了太久。匆忙之下，她犯了和卡梅伦一模一样的错误，对保守党的民意基础过度乐观，并在提前举行的大选中浪费掉了自己好不容易修得的历史机运，不得不一个人承担“悬浮政府”的所有责任，并做好在即将到来的任何时刻结束自己的政治生活的准备。

在德国，默克尔度过了最为糟糕的时刻。在荷兰、法国极右翼势力暂时消退、英国多次出现恐怖袭击、特朗普在大洋彼岸持续传递深刻敌意的同时，向来对这个世界持保守悲观态度的德国民众最终做出了重要转变。从某天起，默克尔的支持率开始稳步攀升，在之前举行的地区性选举当中，默克尔连胜三场，并在社民党大本营北莱茵 - 威斯特法伦州取得了决定性的胜利，这个世界终于渐渐回到她所熟悉的节奏里。在八国峰会与特朗普的第二次会面中，面对后者对德国人“很坏”的道德指责，默克尔在慕尼黑的一家啤酒馆里坚定而勇敢地宣布——“能够完全信任对方的时代在一定程度上已经过去了，欧洲人必须真正掌握自身命运”。这是一条美国和欧洲之间具有历史性意义的分水岭，某种程度上，默克尔回答了德国正在重现的那个命题。

在虚拟世界，Claire 最终实现了自己的梦想——“轮到我了（My Turn）”。然而她的代价是巨大的。在最后的时刻，她的周围环伺着虎视眈眈、心狠手辣的军工利益集团，两名代言人 Mark Usher 和 Jane Davis 杀人不眨眼，做事不留痕，Claire 唯一应该信任的 Lane 已经不在身边，Doug 自身难保，白宫成为白宫以外势力的玩物，Claire 成为名副其实的“套中人”。整整有半季的时间，Claire 浑浑噩噩，在 Underwood 先后与 Conway 和院外集团殊死缠斗之时，Claire 却反复沉溺于与 Tom 难分难别的低质情感里，理性不明、昏招不断。最后甚至用 Davis 的毒药在 Usher 家杀死了自己已经倾注了情感的 Tom，历经整整五季的政治洗礼，双手第一次沾上鲜血，并且为所有敌人看到。悲剧在于，Claire 明明失去了一切，却以为自己得到了一切，Underwood 在第五季经历了个人政治理念的重要提升，已经能够在美国政治的各扇门之间自由游走，而 Claire 仍然只看到了椭圆形办公室里的总统座椅，以为那里是权势的全部意义。最为糟糕的在于，Claire 最后的表态很可能意味着，她将暂时选择主动远离 Underwood 的佑庇，她确认自己拥有足够的谋略和经验，可以担负白宫生活的复杂与艰辛。在第五季的结尾，Claire 的政治判断很有可能不幸回到第一季的原点。

全书的最后，让我们一块儿梳理一下上述案例，尝试分析为什么性别不同会造成对于政治事务的理解和认知差异，为什么女性国务家看起来总要付出更多的努力，然而却总是承担更多的挫败，到底是什么构筑了女性治国的樊篱。

首先，简单来说，这就是缘自一种先天的性格差异。较之于男性，女性的美好就在于性格的单纯和柔软，不到万不得已，不愿主动触碰政治的错综繁复和肮脏污秽。事实证明，拉加德在街头竞选、议会吵架、计算投票率等事务上的能力不仅难以及格，甚至是相当糟糕的。然而，这是一切政治生活的起点，是从事一种艰辛而颇有意义的政治追求所必备的技艺。希拉里和默克尔在本性上对此也感到厌倦，但是她们都共同筑有伟大的国务梦想，是这份理想不断驱动着她们走进议会、走上街头、走进一重重充满诱惑力的政治对抗之中，这份理想着陆的过程就是她们的政治教育过程。尽管艰难，但是她们都顽强地累积了必备的政治资本。

然而，作为一种“权力的游戏”，这项技艺本身多多少少在天性上更契合于好斗的男性，女性政治家很难摆好自己的位置，永远像是一个局外人，或是一名受到关怀、怜悯和同情的“小透明”。在《纸牌屋》里，无论Claire怎样冰冷无比，在权力的驾驭上终究还是显得不如Underwood圆熟。在英国，约翰逊和戈夫之流没有当上首相，然而看起来他们在议会和街头的演讲仿佛更具有存在感。在美国，特朗普可以肆意嘲笑女性候选人，在一次电视辩论中，他极端没有教养地指责希拉里离席使用洗手间的行为“很恶心”，他在咒骂惠普前CEO菲奥莉娜时使用的语言是“瞧瞧她长的那张脸”。当FOX主持人梅根·凯丽批评他不尊重女性时，他发狂般嘲讽道：“她的双眼流血，身上每个地方都在流血。”

这些真实的政治场景吓到了很多女性，让她们在政治面前发现了自己性别的劣势。面对辱骂、嘲讽、人身攻击甚至安全恐吓，男性政客往往不会太在意，然而对于敏感而柔软的女性而言，这是实实在在的心灵阴影。罗斯福夫人在20世纪就曾给出过建议，“政界女性的皮肤需要像犀牛皮一样厚实”，但是她也知道，在政治生活中，这种勇敢、坚韧和自信在女性身上很难做到。过去，人们习惯于将女性政治家安排在具有标签意象的位置上，既体现了对女性的尊重，又没有妨碍男人干大事。这种方式极大地安抚了很多女性微薄的虚荣，可以在无须作为的同时肆意馨享这个位置所带来的一切美好。然而现在，女性国务家们逐渐发现，自己很难仅仅满足于这点微末的欢欣。这意味着她们要去与男性争夺、撕扯、诋毁和妥协，意味着去担负国内外各方各派的势力平衡，去面对政绩的考核与监督，甚至意味着一直以来所意欲建立的道德完满的形象与价值正确的神性很有可能伴随着政务的可检验性而逐渐流失。最后，这意味着辛苦、操劳和苍老。对于女性政治家而言，这些是性别意义上的成本，而这些成本本来是不应有的。

其次，这需要打破一种既成的结构性障碍。这种障碍就是希拉里最喜欢提及的“玻璃穹顶”。这个穹顶如此稳固，由浩浩荡荡的男性大军守护，轻易不会展现给女性世界。只有一种情况，在男性斗争的偶然间隙，由于暂时缺人、派系妥协或是仅仅是为了更换口味，他们会假装善意地空出一个位置，等待着一名饶有野心的女性来缓冲、转承甚至替罪。英国的米歇尔·瑞恩与亚历克斯·哈斯拉姆教授给这种情况取了一个和“玻璃穹顶”类似的名字——“玻璃悬崖”，通过对首席执行官、律师、准议会成员甚至中学学生代表等群体的研究，他们发现，女性常常被分派棘手的任务、高风险的案件以及（对英国大选的分析显示出）较难赢下的选区，相较而言,女性比男性更易于被推上危险的职位。很多时候，这并非一种正常的性别进步迹象，而仅仅是表明在男性充当无用的总统、失败的青年领袖及失意的大律师等角色几个世纪后，间歇性地轮到女性一显身手了，等到她们短暂而局促的功能作用发挥完之后，再迅速将其社会地位打回原形。更为糟糕的是，如果这些女性失败的话，结果可能打击到未来几代有抱负的女性领导者，并且会比上一轮按得更死。

男性 CEO 的杰出典范杰克 · 韦尔奇就曾经为同时代的三位女性 CEO 感到担忧，在他看来，惠普的卡莉 · 菲奥莉娜、朗讯的陆思博和施乐的安妮 · 马尔卡希都在一定程度上被交代了不可能完成的任务。他说，如果她们失败了，将挫伤让更多女性担当此类角色的努力。菲奥莉娜、陆思博的命运确实不济，男性接替了她们的职位，菲奥莉娜甚至后来按照党派安排去竞选了总统，结果很快在初选阶段遭遇了惨败。

男性政治家是足够狡猾的，他们在看不清未来的路向，或是在彼此间的争斗中难以拥有足够的胜算时会选择集体妥协。冰岛金融危机后就有一批女性金融家和政客填补了高层空缺，包括女性同性恋总理约翰娜·西于尔扎多蒂。某种意义上，英国脱欧后的大选也是如此，In 和 Out 的两派力量在这场民族路向的撕扯中用尽气力、两败俱伤，谁都无法累积足够的合法性带领整个帝国前行，也干脆不知道应该往哪儿走，特雷莎·梅的轮廓于是从内阁的冷衙门中逐渐凸显而出。正如 IMF 总裁拉加德所说，“每当事情遭遇变故时，女性便会介入，她们使形势恢复到稳定，甚至回到更好的状态，然后，男人们又莫名其妙地杀回来”。

在这样的意义下，即便走上政治的前台，也只能算作多元主义的胜利、算作机运的胜利，不能算作希拉里或者特雷莎·梅的个人胜利。正如瑞恩教授的研究所揭示的那样，女性有时成为应对失败的

“替罪羊”，而有时即便获得任命也仅仅是因为“男性不想承认失败而后退一步”。在危机时期，组织倾向于任命看起来不一样的领导者，未必是因为她们会带来改变，而是因为任命她们的决定本身就预示着改变，我们永远不能天真地觉得这似乎代表了一种趋势。

最后，这受到了一种全球性情势的客观影响。金融危机以来，世界范围内的自由主义信念日渐式微，人们隐隐觉得冷战结束以来那种维系了 20 年之久的不断繁荣向上的好生活正在结束。全球化促进了国家之间经贸的相互联结，也在灾难到来之后把所有人紧紧绑在了一起。最近的 10 年，世界范围内长时间的复苏乏力使人们灰心丧气，孤立主义、本土主义和民粹主义在西方国家不断滋生，人们开始重新企盼强有力的政治领袖能够带领自己的国家走向复兴和繁荣，企盼伟岸的身影、粗犷的声音和坚定的手势，很大程度上，他们心中的幻影呈现出来的样子往往是男性。在英国，特雷莎·梅之所以当选，完全是因为约翰逊们看起来确实太过玩世不恭。在韩国，当崔顺实的所作所为逐渐浮出水面之后，人们开始抱怨，如果是一名男性总统就不会这么脆弱。在美国，著名民调分析机构538网站在最后的时间提出了警告，“在竞选的最后一轮，人们通常会说，‘噢，她真的很不错，不过说真的，还是来个男人吧’”。事情真的就按照这样的方式发生了。

未来几年内，这种状况很可能持续，希拉里们留下了很不好的示范效应，下一位竞逐这一职位的女性将受到更为苛刻的指点，人们会潜意识地认为，连克林顿的夫人都没有做到的事情，你凭什么做到？对于特雷莎·梅而言，她的“玻璃悬崖”更为险峻，一旦英国脱欧的谈判有任何不顺利，人们会想起她在刚担任首相之后的前几个月，在推动这件事情上有多么坚决，似乎一切都在掌控之中，人们会把所有的罪责推卸给她的这份强势，英国很长时间都不会出现第二个特雷莎·梅，就像当年等了许久才出现第二个撒切尔一样。

而当我们继续去检视各国或地区的后备女性力量，我们发现这些女性候选池更是弱小得可怜。美国和中国台湾地区的现状相对较好。本届和希拉里一样具有总统竞选能力的女性不下5位，她甚至在相当长一段时间内准备提名马萨诸塞州女参议员沃伦作为竞选搭档。而美国近年来接连的女性国务卿、女性国家事务安全助理任命也表明，美国的确拥有相当数量的女性候选人，州议员——联合国大使——国家事务安全助理——国务卿——总统这条道路屡试不爽，即便不是希拉里，将来也会有更多的女性沿着这样的路径走上最高位置。在中国台湾地区，由于从政成本相对较低，整体政治气候更为细腻、柔软，女性政治人物近年也是相当普遍，吕秀莲、陈菊、蔡英文、洪秀柱等接连出现。特别是在民进党，“美丽岛事件”后，不少“党外”人士入狱，他们的妻子随即代夫参选“立委”，并一举成功。有一段时间，台湾“立法院”内的“党外”人士甚至被戏称为“妻子军”。按照福山的说法，美国和中国台湾地区都属于弱国家（地区）、强社会的民主过剩，女性参政的土壤在多元主义的佑庇下得到了很好的生长，产生了足够的女性从政者，进而带来了足够大的候选池。

而在君主立宪制传统的英国和国家权力集中的德国，女性候选池则没有发育得那么充分，在性别歧视最为严重的阿拉伯世界，女性议员的比例甚至只有10%。自2005年以来，阿拉伯国家在政府工作的妇女人数事实上一直仅有7%。在这样的不平衡分布下，伴随着一种整体性的接连失利所带来的情绪影响，世界范围内的“她世纪”已来临的说法，现在的确言之过早。

《尚书》在记载武王伐纣时，曾经有一句话：“牝鸡无晨，牝鸡之晨，惟家之索。”其含义很有趣——母鸡是不可以在早晨打鸣的，倘若母鸡在早晨打鸣，这一家子就完蛋了。这句话的本意是引申后宫不得干政，然而，其在描绘男女的性别意义时竟如此生动，深刻地构成了几个世纪以来中国传统家庭伦理的重要组成部分。无独有偶，在韩国也有一句类似的谚语，“当母鸡打鸣、公鸡沉默时，一定有什么事儿不对劲”。朴槿惠曾经多次提到这句话，她总是自豪地表示，自从自己当上总统以来，简直没人敢在她面前提起这句话，她认为这是个好迹象。

今天，时代变了。当我们在今天谈及“她世纪”的概念，我们更多的是在梳理20世纪的一些破碎的女性政治的画像，看她们是如何在本世纪初期形成鲜明而规模性的脉络。在完成了本书的叙述后，我们发现，尽管只有5个人物故事，但是她们之间的联结能够勾勒出女权主义在新世纪的一些基本风貌，也能够记载她们“筚路蓝缕，以启山林”的一次努力。

尽管最后一篇后记，聊表了笔者对于当下女性国务家生长环境的担忧，但这种担忧无法否定整个趋势。拿破仑战争以后，大众政治的觉醒速度让整个欧洲的专制统治者震惊，民族、种族、阶级的自觉意识先后在其中发酵、生长、确立。女权主义运动自20世纪初期开始至今，刚好一整个世纪，在新世纪的头10年内得到疯狂的发展是极好的兆头，即便短期内被遏制下去，但已有越来越多的女性正在日益繁复的政治生活中经受历练，她们终将明白政治生活的本意，并联合起来为自身应有的权利进行抗辩。

闺阁自古历历有人，这个世纪还有 80 余年等待铺展，没有人敢在这个时候眺望，或许这同样是一个属于 Her 的 Story。

致谢

我不是一名好学生。不是，从来都不是。

在中国人民大学读本科时，我上课总是在最后面几排睡觉，认真翻过的书不过寥寥，只有期末才会想起去上自习。我那时觉得大学校园里自由和快乐是最重要的，我把时间大把地倾注在学生会、辩论赛和谈恋爱上。我在校内颇有些名气，我愉悦于自己既得的一切，而我最后的成绩也还不算太差，甚至还因之保了研。

我只是觉得有些空虚。

我时常能够站在一旁看到自己的灵魂在干涸中枯死，那样虚弱地倒下去，软软地塌陷在地面上，似在挣扎，却又无力弹起。这种感觉不时伴随着我，我本是个极其自信的人，然而不知为何，它带给我极大的惶恐和不安。

我的应对方法是去学习。最开始的时候是上自习准备期末考试，后来我发现还有很多东西读起来算是有趣，再后来我发现有些老师的课堂不时能够带来醍醐之感，我感觉到自己是有向善之心和知性真诚的，我能模模糊糊地摸到那扇本应属于自己的门。然而，校园生活很快就过去了，硕士毕业，我离开了。

随后的几年我过得好快活。这是我个人性格特质的一部分——无由的快乐——尽管我不知道自己为什么可以那样高兴，大抵过了5年的时间。这以后，工作愈发繁忙，那种熟悉的不安感再次袭来，我知道自己的生活不会再这样下去了。没有遗憾，没有悔意，我背起书包回到校园读了在职博士，截至此书付梓，第一学年刚好结束。

在备考阶段，为了迅速地找回状态，我开始尝试写一些时评。第一篇写好的时候，我发给了自己能够找到的所有投稿邮箱，只有“观察者网”回复了我，高彦平老师为我的拙文提出了很多修改建议，并且鼓励了我。事后很久我才意识到，这是一种新生活的开始。随后的一年时间里，我在FT中文网、《华盛顿邮报》、澎湃新闻、观察者网等发了近30篇时事专栏，发表了两篇专业学术论文，参与制作了一个时政类的脱口秀节目。我以这种充实而紧凑的节奏来告慰自己重新回到校园时光的第一个学年，尽管在工作之余边读边写也是有点儿压力，不过它没过多影响我什么，该上班上班，该出去玩出去玩，并且，我比过去更加快乐。

所以，现在我会很感恩我的母校中国人民大学。它教会了我这门有趣味的学问，在过去的十余年人生里，它总是持续地带给我教养和方向，引导我走上正路、行在其间，又不时送给我惊喜。我依稀记得在某学期《当代国际关系》的课堂上，老师告诉我们，“想要读懂美国，至少得去看三个东西——《联邦党人文集》、温斯罗普的‘山巅之城’布道、《出类拔萃之辈》”。第一本书我在彼时尝试着翻了几次，觉得有些无趣，索性放到了一边；第二篇文章不长，一小会儿读完了，貌似的确有些意思。唯有《出类拔萃之辈》，由于数十年未曾再版，只能在旧书网上淘货，那质朴的蓝色封面吊足了我的胃口，小心地等待它到来又是好久，我感到自己第一次被激发了求知欲。在拿到书后的一周内，我每天什么都没有做，像看小说一样一头扎了进去，我感到自己扎进了一个新世界。

这个世界便是非虚构类文学作品（Non-fiction）的世界。我偏爱那种有意无意的调调，读起来顺畅，基本符合事实，文字的辗转迂回间不时流露出淡淡的质感与深意，显示出作者极好的历史教养和文学天分。随后我阅读了赫尔曼·沃克、芭芭拉·塔奇曼的很多作品，我喜欢那种对政治的记述和解读方式，并且希望通过这种对于历史更为亲近的抚摸能够让自己变得至少深刻些。从第一篇专栏起，就有读者质疑我拙劣的模仿技艺，我理所当然地接受，但同时决定继续走下去。即便现在笔法或许会稍稍圆熟些，我也经常能够在自己的文章中发现很多无法原谅的错误，我并不会以之为耻，但下一次我想我不会再犯类似的错误了。

在写作本书的时候，我摘选了自己专栏中的很多内容，也认真参考了我能查阅到的与该政治人物相关的所有资料，特别是一些传记类资料和散落在各个媒体平台的评论性文字。在引用的时候，我给自己定下了几个规矩：一是忠于史实，对于很多主观性色彩较强的评论，我不了解的就直接引用其他作者的原文，如果有失之中庸的描述性文字，也要尽量避免从自己的笔下流出。二是客观公允，有的时候我会发现对于同样一个历史事件，不同的传记给出了不同表述和分析，我难以辨析其中的真实性，索性就干脆略过。三是尽量丰满，出于多方考量，本书最后确立了 5 名政治人物为写作对象，其中还包含一个虚拟的，尽管篇幅有些偏短，但这使得我们有足够的空间尽量丰满地刻画每一名人物的全维生活，有时即便显得冗余也希望多增添一些内容，使人物角色显得更为立体、真实而有触感。

在梳理材料的过程中，我常常找到自己之前写过的一些专栏文章，读到精彩处觉得彼时的灵光一闪也是难得，发现错误时也总有无奈、汗颜。我很感激那些帮助我把这些拙作搬到网站上的编辑老师们（以笔者接触先后顺序为准）：观察者网的高彦平老师、FT 中文网的刘波老师、“澎湃”私家历史栏目的“罗不特”老师、“澎湃”思想市场栏目的朱凡老师、“功夫财经”平台的王叶楠老师、新浪国际新闻的文晶老师、《新京报》的“冰冰”老师、《华盛顿邮报》中文版的李天阳老师等。在与他们沟通和反复校稿的过程中，自己学到了很多东西，也更明白了怎样捕捉热点、找好角度、把握节奏，他们都非常谦和温润，这种互动总是让人感到十分舒服愉快，在此一并谢过。

当然，在此之中，我想格外感谢东方出版社，感谢资深编辑许剑秋老师，编辑王叶楠、李宛霖老师。收到写书邀请的时候，我颇有些意外，彼时自己才写了不到 10 篇专栏，并且质量合格者寥寥。我曾经鼓起勇气询问他们怎么会想到给我这个机会，叶楠的回复很简单，只要有“Clinton VS. Clinton”一篇这样的作品，他们就敢于相信并支持我。这种信任让我十分感动，在写作此书的过程中，我遇到了非常多的麻烦，由于时势每天都在变动、新闻每天都在爆出，我总是痛苦于刚刚写好的稿子总要相应地增加一段或是修改一段，多方补漏、挠头不已。东方出版社的责编总是不吝提供最大限度的宽容和帮助，容许自己一再拖沓，总是在安慰我，但从未催促。特别是李宛霖老师，在本书后期的核稿过程中“锱铢必较”，为此书最终付梓付出了大量辛苦。作为一名在职攻读博士学位仅仅一年的新生来讲，这种肯定、鼓励和信任无以为报，在此聊表惶恐与感谢。

在写作本书时，某天下午我匆匆赶回学校上课。我的导师时殷弘教授当天刚好在讲授国际关系学研究中历史的重要意义，他特别谈到了如何理解古希腊悲剧作品中的两难，他引用的是古希腊研究的头号权威美国耶鲁大学斯特林讲席教授唐纳德 · 卡根

《为历史一辩》演讲中的最尾一段，“如果真正理解了由这种两难而带来的冲突，那我们既不会怀着火热的决心去恨克里昂，也不会怀着火热的决心去镇压一切反叛。它使我们的情感起伏波动，使我们的心灵警觉冷静。我们成了更深刻的个人和更明智的公民”。这部分内容他在本科课堂中也有讲过，我依稀记得第一次听到这段话时内心的激动，模糊地感到一种宏大而深刻的力量在心底反复暗涌。长时间以来，我将之奉为自己的座右铭，我希望自己能够成为“更深刻的个人和更明智的公民”，我认为这是无比崇高的评价。

只有时殷弘教授能够带来这样的感动。我自认资质驽钝，从未想象自己会有机会跟随时教授读书。入门第一天收到时教授递来的《与新入学的研究生谈话》，里面简要但极其深刻地列举了读书、做学问、做人的几个要点，并开具了一份详细的书单。他是这个时代难得的天才，却在要点中反复强调非智力要素的极端重要性，他认为这些要素将至少包括意志、执着力、根本的耐心、对至关紧要之事的紧迫感、思想和心理的开朗和开放、情感稳定性、内在的谦虚与谦和、清醒和坚定的轻重缓急次序意识、细致和有序地切实做好一件件具体事务的能力。他说：“就其总体而言，并且对所有人来说，非智力因素比智力因素有大得多的决定作用。”这对我是莫大的鼓舞，我一向觉得自己资质平平，然而时老师这番充满智识的分析给我带来了强烈的情感冲击，敦促自己不得不去读书，不能自弃于前行，不敢有些许怠慢。他总是一边引导学生“不要太 Practical”，但他又深知人各有志、人世艰辛，总是担心矫枉过正，补充一句“也不要太 Romantic”，这种深刻而温暖的学养总是润物无声地给学生带来深刻思考的动力、勇于探索的动力、行在其间的动力。

由于太过尊敬他，很多事情反而惮于和他讲。比如，曾经战战兢兢地和老师汇报过去一年自己写了很多时评，时教授只是稍稍点头“不错”，留下我尴尬在一旁，完全不知道下句应该接些什么。比如，前段时间自己投稿发表学术论文接连遭遇挫折，时教授在邮件中认真地回复“We should be tough！”，读到后又觉得心里暖暖的。再比如，眼下这本书，犹豫再三还是决定不去和教授说了，分明就是自己练笔的一本拙作而已，很多地方连自己都很难满意，怎么好意思去叨扰老师，想来他老人家做梦也没有想过自己的学生会有兴趣罗列并分析女性国务家的人生，索性，还是不要让他梦醒比较好。

行笔至此，忽然有些难过。我不知道自己什么时候才能有资质向老师交上一篇自认为满意的文章，敢于让老师拨疑点评。我想如果有那么一天，自己应该会非常开心。其实这种场景曾经出现过，在本科第一次上时教授的课时，听说课程难，所以不敢怠慢，认认真真跟了一学期，到了期末战战兢兢交了两篇论文。本以为就这样交差了事，没想到老师竟然当天晚上就回了信，那封邮件我到现在还会时常翻出来读一读，“Both of your course papers, along with those produced by your classmate 李隽旸，are excellent. You could be proud of that.”我记得自己当时抚着电脑，眼泪止不住地流下来，并迅速把这封邮件转给了我的同学李隽旸，她很不幸地同时又是我的女朋友，而彼时时教授并不知道这一点。我将之理解为某种注定的缘分，并在等待她博士毕业之后与之结了婚。

她就是我在本书扉页感谢的人，我的妻子，李隽旸。我的所言是真诚的，她的确是带我认识女性的那个人。她带着我一字一句地读《红楼梦》，仿若黛玉教香菱读诗一般，给我讲解文字间失粘、失对的简单道理。她带着我在北京城内所有大大小小的巷子里穿梭，看瓦片上的纹理、屋檐凝立的猫、天线横亘而过的月色。我们一块儿沉溺于黄耀明的淫艳之音，看黄伟文得意扬扬地端坐于四面台的中心，她说那些广东歌满腹的乐府气象，听起来感觉耳朵好干净。直到现在，每当我文思枯竭时，总会习惯性地去翻她在初中时写的博客，我喜欢玩味她是如何在那么小的年龄就把文字运用得如此圆熟。结婚的那天，我对她说："从头细看，你 6 岁当天，已是我偶像。"通过凝视她、尊敬她、爱慕她，我第一次对女性的细腻柔软有了兴趣，通过与她的生活交织，我可以看懂一个性别。

她写东西很慢，但极其用心，为了更好地掌握古代历史的一手材料，她先后补学了法语、古希腊语和德语，她的文章是一滴滴学养累积出来的，产量很低，但篇篇保证质量。她对翻译要求极高，经常为一个注解查上一整天，这个过程如此漫长，我就看到她日日匍匐在桌前的灯光里，一晚接着一晚。她从不掺和社会杂事，不参加无谓的会议，厌恶那些琐碎的项目申请，觉得很多与赚钱有关的诱惑都是浪费时间，她保持着旧时代读书人的品格，然而也总是体味着传统读书生活的辛酸。我常常替她难过，我有些时候甚至会十分痛苦，我太过无知，永远无法帮助到她。

然而，她不会这么看我。她不用我帮她，她觉得我做我自己，不来烦扰她就好。她深知我贪恋生活中的一切美好，很多时候看到我左支右绌什么都想要觉得甚是好笑，但也不加阻拦，我想她还是喜欢我这个样子的。然而，她从来都是 Anti-Romantic 的，我总是无法说服她与我一同分享很多俗气的小幸福，所以我索性向她看齐，不去做很多无意义的事情，真实而充满热望地生活在自己的世界里。她是时教授更早些年收下的学生，也是教授颇为喜爱的门生，教授对她的评语是“极有才华，最难对付”。这让我觉得好笑，也甘愿被她每日对付。我总是喜欢倾听她为我讲解她的古希腊，她在单位没有上课的义务，我是她唯一的学生。傍晚的东四胡同总是很安静，我们就这样一天天走过，她在说，我不言。偶尔我会赌气自己去做一些研究，她总是不怀好意地在一旁嘲笑，拿出更具说服力的证据，后来我只好放弃了这个领域，需要引用的时候直接乖乖地去请教，忍辱负重，但也觉得不劳而获着实快乐，仿佛占了很大的便宜。

写完这本书的那天，刚好是我们在一起的第 12

个年头。我记得那天放下笔自然很开心，我们走到了好远的地方，看到了好多的风景。最后我们去人艺看了话剧《茶馆》，从头哭到尾，那戏丧透了。出门的时候，我反复跟她说要向前看，这世间仍有无数美好，她简单地回应“你还小”。

我们都不小了，已经年过而立。我们的性格有着好大的差异，但可能恰恰是因为相互逐斗，到现在仍然对对方充满兴趣。开心的时候，我们会边散步边讲上一段相声，我做逗哏，她做捧哏，她口才没有我好，经常是我随便抖了个包袱，就发现她已经要趴在地上大笑半天。丧气的时候，我们便不再谈论此岸，我们就伫立在胡同深处看着那春风沉醉的夜晚，谁都不说话。我们不是夫妻，我们是这个世界上最好的朋友。这本书她没做出什么贡献，我只是感谢她在我身边。

最后，我想感谢我的父母，他们都已经老去，但是仍然旺盛地生活着。我很想念他们，无时无刻不是。我保持着每周给家里打一次电话的习惯，我的父亲在做地方小官的时候是听惯了汇报的，我得继续满足他。我的母亲只是想我，这我都知道。我还有一个爷爷仍然在世，他是我小时候最亲的人，他现在已经无法读懂我写的这本书，我感到十分难过。很长时间以来，我的家乡是我生命的全部意义，它带给了我人之为人的最初教养和合法性，在外求学的那些年，我觉得自己时时刻刻与家乡的一草一木联结在一起，每次放假回去，就感觉自己仿佛不曾离开过。这几年我已经结婚并有了稳定的生活，特别是在过去的两年内，我感到自己日日在忙碌，每天充实不已，我悲伤地发现自己的确是长大了。

我渐渐只能在夜晚怀念家乡，怀念父母傍晚带我散步，怀念在姥姥家门口挖蚯蚓，怀念奶奶仍然在世时我去给她买烟的情景，这些怀念不能持续太久，会非常伤心。有时我便睡着了，梦里的场景更加真切，那些街头巷尾熟悉的呼唤、水泥路上裂开的缝隙和散落的石子，一切是那样清清楚楚、真真切切。这么多年以来，我每天在睡前都会好兴奋，我期待着每一个内容迥异的梦境，有趣的是，不管梦里的人物怎样变迁，场景永远是我的家乡。

我永远不会忘记那些年自己是怎样成长，没有那种植入一生的记忆，便没有今天的自己。那种情感总是到来得格外深沉，一切都瞬时安静下来，自己仿佛也可以停止呼吸。在写作本书的时候，我总是想起小时候被按在书桌前学习的一个个暑假，我总是趁爸爸妈妈走开的时候，一个人跑去爷爷家，躺在沙发上随意切换着电视频道，那挂钟滴滴答答走得好慢。我盯着头顶墙皮裂开的缝隙，想象着自己何时才会长大。有时我会觉得无趣，便索性爬上山向很远的方向看去。

现在我怀疑自己已经走到了当年眺望的地方，不知是应该开心还是难过。我们这一代人，都经历过那种守着一束昙花盛开而又落去的夏天，然而又都永远地离开了。

图书在版编目（CIP）数据

她世纪 / 王一鸣 著 . —北京：东方出版社，2018.7
ISBN 978-7-5060-9847-2

Ⅰ . ①她…　Ⅱ . ①王…　Ⅲ . ①女性—政治人物—人物研究—世界—现代　Ⅳ . ① K817=6

中国版本图书馆 CIP 数据核字（2018）第 058505 号

她世纪
（TASHIJI）

作　　者：王一鸣
责任编辑：张凌云
出　　版：东方出版社
发　　行：人民东方出版传媒有限公司
地　　址：北京市东城区东四十条 113 号
邮政编码：100007
印　　刷：三河市金泰源印务有限公司
版　　次：2018 年 7 月第 1 版
印　　次：2018 年 7 月第 1 次印刷
开　　本：787 毫米 ×1092 毫米　1/32
印　　张：7.5
字　　数：95 千字
书　　号：ISBN 978-7-5060-9847-2
定　　价：36.00 元
发行电话：（010）85924663　85924644　85924641